はじめて受ける人のための
TOEFL iBT®テスト
完全対策

入門編

山内 勇樹
Yamauchi Yuuki

TOEFL, TOEFL iBT and TOEFL ITP are registered trademarks of Educational Testing Service (ETS). This publication is not endorsed or approved by ETS.

Jリサーチ出版

CONTENTS

はじめに 3

この書籍で扱っているサンプル問題について 4

特典コンテンツ　ダウンロードサイト 5

Web 模擬試験 6

音声ダウンロードについて 7

本書の使い方 8

PC の操作方法 10

TOEFL iBT テスト徹底ガイド 15

サンプル問題と解法 25

   Reading 26

   Listening 45

   Speaking 67

   Writing 103

模擬試験　解説編 127

   正解一覧 128

   Reading 129

   Listening 142

   Speaking 173

   Writing 186

おわりに 195

コラム

   TOEFL に挑む際のメンタルについて 44

   「リスニングが聞き取れません」という状況からの脱却 66

   英語をしゃべれるようになっていく、ということ 102

   脇目も振らず視写せよ 126

別冊
模擬試験　問題編

Reading 2

Listening 14

Speaking 24

Writing 28

はじめに

　この書籍は、これから TOEFL iBT テスト対策を始められる方に向けた入門書となります。

　特に、TOEFL iBT というのがどういうテストなのかわからない、どういう対策をすればいいのかわからない、効率的な学習方法を知りたい、といった方に向けた入門書となっています。TOEFL iBT は、さまざまな分野から、専門性が高い問題もたくさん出題されますし、難しい問題も出題されます。単語のレベルも決して易しいものではなく、特に入門の段階においては、多くの受験者が苦戦する問題もたくさんあるでしょう。

　ただ、TOEFL というのは、これからあなたが将来取り得る人生の選択に関わるものです。どこの学校に行きたい、どこの会社に就職したい、こういうキャリアを積んでいきたい、といった自分の将来を考え設計していくときに、そして実際その道に進んでいくときに受けるテスト、それが TOEFL です。ですので、この TOEFL というテストで、要求される点数をあなたができる限り効率良く出していき、その結果として、あなたが希望している将来を達成できることを、私も願っています。そのために書き上げた一冊になります。

　私が TOEFL の指導を始めてから、長い年数がたちます。その間、数え切れない方々の TOEFL 指導をさせていただいてきました。数え切れないほどの目標点達成者も出してきました。その実際の指導の中で、効果的な学習の進め方、対策方法というのも明らかになっています。その私の過去の指導経験、英知を詰め込んだ結晶がこの書籍だと思ってください。

　この書籍にのっとって学習を進めていただければ、必ずやあなたの目標点達成の日が訪れると信じております。

山内勇樹

この書籍で扱っているサンプル問題について

　この書籍は、これから TOEFL 対策を始められる方に向けた入門書となります。

　この書籍では、リーディング、リスニング、スピーキング、ライティングのすべてのセクションのサンプル問題、解答、解説を準備しています。

　問題の難易度については、実際の TOEFL 問題の平均的なレベルよりは、若干易しめに作っています。ただ、明らかに出題されないレベルで易しいということではなく、実際に出題されているレベルにとどめています。したがって、決して非現実的なものではなく、現実的に出題される可能性のあるレベルのものです。

　難易度を少し易しめのレベルに設定した理由は、TOEFL 対策を始めていく段階で、いきなり一番難しいレベルの問題から取り組んでやる気を失ってしまう、対策の仕方がわからない状態が続く、といった事態を避けたいからです。きちんと取り組めばわかる文章、解ける問題が増え、「これから TOEFL に挑んでいくことができる!」という自信をつけていただきたいという願いが私の中にあります。そのため、最初としては取り組みやすく、勢いをつけて TOEFL 対策が進めやすい、実際に出題されるレベルの中で比較的易しめの設定のサンプル問題を扱っている、ということをご理解いただければと思います。

　またこの書籍には、1回分の模擬試験がついています。この模擬試験につきましては、よりテストの本番に近いレベルで、平均的な難易度に近づけています。まずはこの書籍のサンプル問題を通じて、TOEFL の特徴、解き方、対策法などについてご理解いただき、その後、模擬試験を通じて、よりテスト本番の形式、時間配分、レベル感などに慣れていきましょう。

特典コンテンツ　ダウンロードサイト

　TOEFL でスコアを高めていく上で、私がお伝えしたいことはさまざまあるのですが、紙面の関係でこの書籍に収め切れなかったコンテンツを、特典教材としてダウンロードできるようにしてあります。一部の特典は、一定期間後、無効化するものもありますので、今すぐダウンロードしておいてください。コンテンツには以下のものが含まれます。

- 試験当日の対策動画　試験会場到着から試験開始まで（約30分）
- Reading 対策動画　より早く読み進め正解数を増やす方法（約30分）
- Listening 対策動画　聞き取れる量を増やすための練習法（約30分）
- Speaking 対策動画　より滑らかに英語を話すために（約30分）
- Writing 対策動画　高得点が出るエッセー構造とは？（約30分）
- 追加 Speaking & Writing テンプレート
- 追加サンプル解答（音読、書き写し用）
- 無料 Zoom 勉強会参加特典のご案内

ダウンロードはこちらから

https://startofu.online

Web 模擬試験

TOEFL iBT は PC で実施されます。本番の試験の前に PC での操作やスピード感に慣れておくことは必須です。本書に収録された1回分の模擬試験はインターネット経由で受験することが可能です。

Web 模擬試験を受験するには、本書の巻末のアクティベーションコードが必要になります。アクティベーションコードの使い方は巻末をご参照ください。

Web 模擬試験は以下の4通りのモードで受験することができます。それぞれの特徴は以下の通りです。

設問別 （時間制限なし）
テストの中から任意の設問を選びます。時間制限は設けられていません。

セクション別 （時間制限なし）
Reading, Listening, Speaking, Writing から一つのセクションを選びます。時間制限は設けられていません。

セクション別 （時間制限あり）
Reading, Listening, Speaking, Writing から一つのセクションを選びます。それぞれに本番と同じ時間制限が設けられています。

本番モード
1回分のテストを通して、本番と同じ時間制限で受験します。

採点方法：
Reading, Listening　自動採点（無料）
Speaking, Writing　　Web 模擬試験サイトのマイページから別途申し込み（有料）

推奨 PC 動作環境
対応 OS：Windows および Mac OS
※タブレットやスマートフォンでは利用できません。
ウェブブラウザー：Windows: Google Chrome（推奨）、
Microsoft Edge、Mozilla Firefox
Mac: Google Chrome（推奨）、Mozilla Firefox、Safari
インターネット接続：ブロードバンド
周辺機器：スピーカー＋マイク、ヘッドホン＋マイク、またはヘッドセット

音声ダウンロードについて

STEP 1 商品ページにアクセス！ 方法は次の3通り！

① QRコードを読み取ってアクセス。
② https://www.jresearch.co.jp/book/b659498.html を入力してアクセス。
③ Jリサーチ出版のホームページ
　（https://www.jresearch.co.jp/）にアクセスして、
　「キーワード」に書籍名を入れて検索。

STEP 2 ページ内にある「音声ダウンロード」
ボタンをクリック！

STEP 3 ユーザー名「1001」、パスワード「26417」を入力！

STEP 4 音声の利用方法は2通り！
学習スタイルに合わせた方法でお聴きください！

1	2
「音声ファイル一括ダウンロード」より、ファイルをダウンロードして聴く。	▶ボタンを押して、その場で再生して聴く。

※ダウンロードした音声ファイルは、パソコン・スマートフォンなどでお聴きいただくができます。一括ダウンロードの音声ファイルは .zip 形式で圧縮してあります。解凍してご利用ください。ファイルの解凍がうまくできない場合は、直接の音声再生も可能です。

音声ダウンロードについてのお問合せ先：
toiawase@jresearch.co.jp（受付時間：平日9時〜18時）

本書の使い方

本書は主としてTOEFL iBTテストの「サンプル問題と解法」、取り外し可能な別冊「模擬試験　問題編」、「模擬試験　解説編」で構成されています。以下の順序で進めていくと、効率の良い学習が可能です。

1. 「サンプル問題と解法」で出題形式や解き方などを理解します。

2. 「模擬試験　問題編」で1回分の模擬試験にチャレンジします。同じ内容のWeb模擬試験（利用法は6ページと巻末を参照）を受験することもできます。

3. 「模擬試験　解説編」で正解を確認し、訳と解説を利用して復習をします。

サンプル問題と解法

模擬試験　問題編

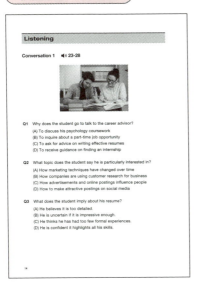

🔊 は音声トラック番号です。音声ダウンロードの方法は7ページをご参照ください。

模擬試験　解説編

　Listeningの音声スクリプトには、主として文単位で番号が付いています。解説や訳から参照しやすくなっています。

　スクリプトの中で、解説で言及されている箇所に赤色でマーカーが引かれています。

　音声をもう一度聞く問題では、該当箇所に赤色で下線が引かれています。

9

PCの操作方法

　以下の操作方法は実際の試験とWeb模擬試験でほぼ共通です。画面はWeb模擬試験のものです。

Reading

1. パッセージ

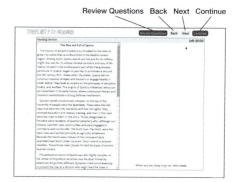

　パッセージが表示されます。スクロールするとパッセージの最後まで読むことができます。画面の右上に制限時間が表示され、パッセージを読む時間もカウントされます。Nextをクリックすると設問に進みます。

2. 4肢択一問題

　画面の左側にパッセージ、右側に設問と選択肢が表示されます。選択肢から正しいものを選び、クリックします。次の設問に進むときはNextを、前の設問に戻るときはBackをクリックします。

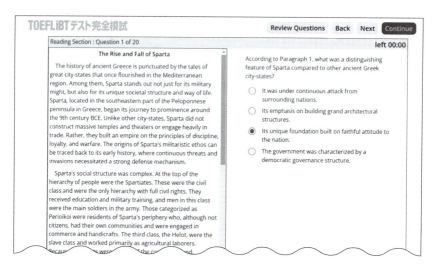

10

3. 文挿入問題

画面の左側に■のあるパッセージ、右側に選択肢が表示されます。文を挿入したい箇所の■をクリックすると文が挿入されます。

4. ドラッグ＆ドロップ問題

選択肢から適切なものを選び、指定の箇所にドラッグ＆ドロップで移動します。順序は問われません。パッセージを見たいときは View Text をクリックします。

　Review Questions をクリックすると、問題の一覧が表示されます。未解答の問題が確認できます。

　すべての設問に解答したら、Continue をクリックします。

Listening

1. リスニング

会話や講義の音声が流れ、写真が表示されます。画面の右上に制限時間が表示されますが、音声が流れている時間はカウントされません。

2. キーワード

講義で重要な語句が出てきたときには、写真の代わりにスペリングが表示されます。

3. 多肢選択問題

4肢択一問題がほとんどですが、四つ以上の選択肢から二つを選ぶ問題や三つを選ぶ問題もあります。前の設問に戻ることはできません。

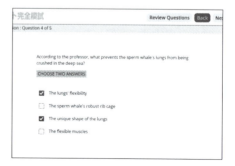

PCの操作方法

4. チェックマーク問題

表形式でYesかNoかなどを選択します。空欄をクリックするとチェックマークになります。

Speaking

Task 1からTask 4までが以下のように構成されています。
Task 1 (意思表明)：スピーキング
Task 2 (会話要約)：リーディング→リスニング→スピーキング
Task 3 (講義要約)：リーディング→リスニング→スピーキング
Task 4 (講義要約)：リスニング→スピーキング

1. リーディング

パッセージと残り時間が表示されます。

2. リスニング

会話や講義の音声が流れ、写真が表示されます。

3. スピーキング

設問、準備時間、解答時間が表示されます。ビープ音が聞こえたら準備を始め、次のビープ音が聞こえたら解答を始めます。準備時間、解答時間ともに残り時間が表示されます。

Writing

以下のように構成されています。

Integrated Task（記事と講義の要約）：
　　　リーディング→リスニング→ライティング

Academic Discussion Task（投稿文作成）：
　　　オンラインディスカッションを読みながらライティング

1. リーディング

Integrated Task ではパッセージと残り時間が表示されます。

2. リスニング

講義の音声が流れ、写真が表示されます。

3. ライティング

　Integrated Task では指示と設問、さらにパッセージがもう一度表示されます。右側の空欄に解答を入力します。また、残り時間が表示されます。Cut, Paste, Undo の機能が使えます。

　Academic Discussion Task ではオンラインディスカッションが表示されます。

TOEFL iBT テスト徹底ガイド

※本章の情報は執筆時のものです。今後変更となる可能性があります。

TOEFL iBT テストとは

TOEFL iBT の概要

　TOEFL iBT テストは**リーディング**、**リスニング**、**スピーキング**、**ライティング**の四つのセクションで構成されており、全体の所要時間は約 2 時間です。ただし、開始までのチェックイン（本人確認、身体チェック、注意事項確認など）に30分程度かかるため、試験当日は2.5時間程度かかると見込んでおくとよいでしょう。各セクションの概要は以下の通りです。

各セクションの詳細

セクション	時間	問題数	説明	配点
リーディング	35分	20問	学術的なパッセージを読んで質問に答えます。	30点
リスニング	36分	28問	キャンパスでの会話や講義を聞いて質問に答えます。	30点
スピーキング	16分	4問	身近な話題や学術的な内容を話します。	30点
ライティング	29分	2問	読んだ内容、聞いた内容に基づいて文章を書きます。	30点

※ ETS では統計データの分析に基づき、ほとんどの受験者が費やすと予想される試験時間を算出しています。この時間は Instruction などの進め方により多少前後します。

　各セクション30点満点で、合計120点が最高点となります。この表の通り、リーディング、リスニング、スピーキング、ライティングの順番で進みます。

テストスケジュールと会場

　TOEFL iBT は、日本全国の会場で年間50日程度実施されています。午前の部、午後の部、と 1 日に複数回開催されているものも数えると、年間120回以上実施されています。

15

ほとんどのテスト日は土曜日か日曜日に設定されていますが、一部のテストセンターでは平日にも試験が行われています。試験開始時刻は午前10時からが多く、土曜日の午後1時から試験が行われることもあります。6カ月後の受験分まで申し込みをすることができます。

TOEFL iBT の受験料、申し込み、変更、キャンセル

　受験料は国によって異なりますが、日本での TOEFL iBT 受験料は245米ドルです。テストの7日前までこの通常価格で申し込み可能です。これ以降であっても、空席があれば、テストの2日前までは申し込みができますが、その場合は追加で40米ドルの遅延料金が必要です。テスト日や会場の変更には60米ドルの手数料が発生し、テストの4日前まで可能です。テストのキャンセルも可能ですが、返金額は受験料の半額となり、同じくテストの4日前まで可能です。この期日を過ぎるとテストの変更、キャンセルともにできず、料金も一切返金されません。

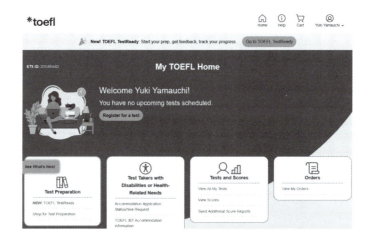

　受験の申し込み、変更、キャンセルは、いずれも TOEFL 専用のマイページから行います。

※画面、価格、規定は執筆時のものです。今後変更される場合があります。

　はじめて受験する場合は、「TOEFL アカウント作成」などで検索すると登録ページが出てきますので、まずはアカウント作成をしてから受験の申し込みとなります。

特別な受験環境が必要な場合

医療的な理由、障害に起因する考慮されるべき事由など、特別な配慮が必要な受験者は、ETS の公式サイトで申請手続きを行う必要があります。申請には英語の書類が必要で、6 週間程度の確認期間がかかるため、早めに準備を進めてください。

テストの前

持ち物の準備

- **規定の身分証明書（ID）**：身分証明書（ID）が受験者と不一致の場合や、有効期限が切れている場合は受験できないため、事前に確認してください。有効な ID は以下のいずれかです。
  - ・パスポート
  - ・運転免許証
  - ・マイナンバーカード（個人番号カード）
  - ・住民基本台帳カード
- **予約番号（Appointment Number）**：ETS アカウントから「今後のテスト（Upcoming Tests）」ページを印刷し、持参してください。
- **ヘッドホンと耳栓**：試験中に他の受験者のスピーキング音声が気になる場合に使います。一定の防音機能があるヘッドホン（または耳当て）は会場にありますが、耳栓は配布されないため、使用を希望する場合は持参する必要があります。TOEFL iBT では、チェックイン完了順に席に案内され、それぞれ試験を進めます。自分がライティング問題を解いているときに他の受験者がスピーキング問題で声を出している、などの状況は発生します。

会場までの交通手段

試験当日は遅れないように、試験会場までのアクセスを事前に確認しましょう。電車の遅延を考慮し、試験開始時刻の30分から 1 時間ほど前にゆとりを持って到着できるように計画を立てましょう。規定時刻に遅刻をした場合、受験ができず返金もされません。

17

▌公共交通機関の遅延があった場合

　公共交通機関の遅延があった場合は、遅延証明書（公式なものであればオンライン版可能）を会場で提示しましょう。会場側で対応が可能な場合は当日受験ができますが、不可の場合は、会場側、会場統括をしているプロメトリック、TOEFL 主催団体である ETS の判断のもと、その後の対応が決定されます。遅延証明は可能な限り迅速に会場にて提示しましょう。会場にたどり着けない遅延が発生している場合は、試験日翌営業日の18時までにプロメトリックカスタマーサービスに連絡してください。

プロメトリックカスタマーサービス
電話　03-6635-9480　9:00 から18:00 まで（土日祝・年末年始休業を除く）

テスト当日

▌TOEFL iBT テスト当日の流れ

1. 受付で、身分証明書と予約番号（Appointment Number）を提示します。
2. ロッカーに身分証明書以外の物を保管します。
3. 試験監督員が身分証明書を再確認します。
4. 不正な物品がないか試験監督員がセキュリティチェックを行います。
5. 試験開始前に写真を撮影します（場合によっては音声録音も行われます）。
6. 受験規約を理解し順守する旨の誓約書を音読し、署名します。
7. 席に誘導され、受験者情報が正しいか確認します。パソコン画面に表示された指示に従い、受験を開始します。

▌休憩時間について

　休憩時間はありません。すべてのセクションを続けて受験することになります。ただし、一つのセクションが終わるごとに、画面が次のセクションに移り変わるまでの時間や、各セクションの注意事項が表示されている時間が2、3分程度あります。席を立っての休憩はできませんが、この時間で頭を休めたり軽く体を伸ばしたりするくらいの小休止を取ることはできます。

TOEFL iBT テスト徹底ガイド

▌持ち込めない物

　TOEFL iBT では、物品の持ち込みが厳しく規定されています。以下を含め、ほとんどのものは試験会場に持ち込むことが禁止されています。テスト前にロッカーに預けてください。

● **時計**：英検や他のテストとは違い、時計の持ち込みは禁止されています。試験時間の管理は、試験画面に表示されるタイマーで行われます。

● **筆記用具**：筆記用具はすべて会場が用意するため、鉛筆や消しゴム、その他の筆記用具を持ち込むことはできません。メモ用紙も配布されたもののみ使用可能です。筆記用具やメモ用紙はすべて回収され、持ち帰りはできません。

● **飲み物**：試験会場内への飲食物の持ち込みは禁止されています。水も持ち込めません。健康上の理由で飲食物が必要な場合は、事前に申請が必要です。

● **ティッシュ**：箱やパッケージに入ったティッシュは持ち込めません。会場が用意したものを使うか、会場側で準備がない場合は、持参のもので、箱やパッケージからティッシュペーパーを取り出し、許可を取った上でそれを持ち込むことができます。

● **アクセサリー類**：身につけているもので、試験官が外すように指示したものは外してロッカーに預けなければいけません。

▌TOEFL iBT テストを受ける際の注意点

　受験当日は、有効かつ使用可能な身分証明書を必ず持参してください。後日確認などは一切許容されません。また、写真がかすれている、カードが割れたり破れたりしていると、受験できない場合がありますので注意してください。婚姻関係などで名前が変わっている場合は、現在の名前と身分証の名前が一致している必要がありますので、注意してください。

　また TOEFL では英語配列（US 配列）のキーボードが使用されるため、事前にこのキーボード配列に慣れておくことをお勧めします。特に、タイピング速度が重要なライティングセクションでは、なじみのない配列に戸惑い時間をロスしないように注意しましょう。テスト会場に、日本語配列キーボードとの違いを説明した説明書があるので、テスト開始前に必ず目を通しましょう。

19

英語配列(US配列)のキーボード

　画面が動かなくなった、キーボードに不具合があるなど、何かしら技術的な問題が発生したら、その場で挙手し即時試験官を呼びましょう。受験後に伝えても対応がなされません。

スコア送信と Cancel Scores ボタンについて

　テスト終了後、画面上にスコア送信に関する確認メッセージが表示されます。このとき、「Cancel Scores」というボタンが表示されます。このボタンを押してしまうと、その日のテストの全セクションのスコアがキャンセルされ、スコアレポートは発行されません。また、受験者本人にもスコアが通知されなくなります。

Cancel Scores ボタンを押してしまった場合の対処方法

　もし間違ってスコアをキャンセルしてしまった場合でも、試験日から60日以内であれば、ETS に20米ドル支払いの上、申請してスコアを復活させることが可能です。ETS 公式サイトで必要な手続きを行わなければなりません。マイページから、「Test Appointment Number」を押し、「Actions」と進み、「Reinstate Score」を選択して、スコアの復活を依頼してください。

　テストのパフォーマンスに自信がない場合でも、もしスコアに満足できなければ後日再度受験すればいいので、特別な理由がないなら無理にキャンセルする必要はありません。

受験終了後の暫定スコア

　テストが終了すると、リーディングとリスニングの暫定スコアがその場で表示されます。多くの場合、この暫定スコアが正式なスコアになりますが、まれに1点上下する場合があります。スピーキングとライティングのスコアはその場では表示されず、正式な採点が完了するのを待つことになります。

テストの後

スコア有効期限

　TOEFLのスコアは、テスト日から2年間有効です。

MyBest スコア

　TOEFL iBT では、過去2年間のテスト結果のうち、リーディング、リスニング、スピーキング、ライティングのセクションごとに、最も高いスコアを組み合わせた「MyBest スコア」を提供しています。MyBest スコアを受け付けている教育機関も多く、その場合、出願時に最良の結果を提出することが可能です。

スコアの確認

　公式のスコアは、テスト日の約6日から10日後に ETS アカウントで確認できます。まれに、速やかに採点結果が出ず、scores on hold（スコア保留中）、under review（確認中）、under investigation（調査中）のような表示がされる場合があります。これは、機器のトラブルがあった場合、不正が疑われている場合、ETS が何かしらの理由で調査が必要と判断している場合に起こります。しばらく時間を置いても表示が変わらない場合は、個別に ETS に問い合わせをしていくことになります。

リスコア（再採点）の申請

　スピーキングおよびライティングセクションについて、再採点を依頼することが可能です。以下は、リスコア申請に関する詳細です。
● **申請期間**：試験日から30日以内。

● **費用**：１セクションにつき80米ドル（スピーキングとライティング両方を申請する場合は160米ドル）。

● **注意点**：
・リスコアの結果が上下した場合、訂正後のスコアが最終的な公式スコアとなります。
・リスコアを申請できるのは受験したテストにつき１回限りです。
・リスコア申請中は、そのテスト回の正式なスコアを教育機関に送付はできません。

リスコアは慎重に検討しましょう。スコアが大きく改善される可能性が低い場合、費用が無駄にかかってしまうこともあります。ただし、目標スコアにあと１、２点足りない状況で、今後受験はどうしてもできない、というような場合は、受験者個人の判断のもと、リスコアを試す価値があることもあります。

スコアレポートの送付

スコアレポート（各セクションの点数、総合点、MyBest スコアが載っている PDF）は、ETS アカウントのマイページからダウンロードできます。これは Test Taker Score Report と呼ばれるもので、自分でスコアを確認したり、出願時に一時的に示したりする書類としては使えますが、正式にスコアを教育機関に送付する場合には、以下の方法で手続きが可能です。

無料送付

受験前日までに最大四つの教育機関に無料でスコアを送るための指定をすることができます。この無料送付を利用する場合、ETS アカウントで希望の送付先を登録する必要があります。

有料送付

受験後でもスコア有効期間内（テスト日から２年間）であれば、有料でスコアを送付することができます。一つの送付先につき25米ドルの手数料がかかります。複数回受験した場合、各試験の中から最も良いスコアを選んで送信することも可能です。マイページ内の「Send Additional Score Reports」から進んでください。

TOEFL iBT テスト徹底ガイド

▌スコア送付にかかる時間

　出願先に正式なスコアを送付する場合、届くまでには、一定の時間を要します。配送会社や配送する国、天候など複数の要素に左右されますので、絶対に何日で届くということは推定できませんが、ETS が出している目安は以下です。

・標準配送を指定した場合　→　４週間から６週間
・速達配送を指定した場合　→　約２週間

　特に、出願締め切りに間に合わせるためには、早めの受験とスコア送付手続きを行うことが重要です。上記の所要日数を超過した場合でも、ETS や配送側に責任を求めたり、締め切り延長などの特例措置を依頼したりすることはできません。

自宅受験など

▌自宅受験（TOEFL iBT Home Edition）

　TOEFL iBT Home Edition は、新型コロナウイルス対策として導入された、自宅から受験できるバージョンの TOEFL です。このオプションは、試験会場が近くにない場合や、会場に行くのが困難な受験者にとって便利です。

▌自宅受験の条件

　自宅受験にはいくつかの厳しい条件があります。特に、受験中は監督者とのコミュニケーションがすべて英語で行われ、パソコンの設定を細かく指示された通りにしなければいけません（アプリを削除する、ダブルモニター禁止など）。また、テストを受ける部屋が静かで、他人の出入りがない環境でなければなりません。

▌テストの受験回数制限

　特に受験回数に制限はありませんが、１回試験を受けた後、次の受験までには３日間（受験日は含まない）の間隔を空ける必要があります。自宅受験、会場受験の区別なく、中３日は空けなければいけません。

23

サンプル問題と解法

Reading ································· 26

Listening ······························ 45

Speaking ······························· 67

Writing ································· 103

Reading

TOEFLのリーディングセクションは、35分間で20問を解きます。二つの学術的なパッセージがあり、それぞれ10問出題されます。

リーディングで最頻出の分野

生物学、地球科学、人類学、歴史（古代史を含む）

リーディングで頻出の分野

天文学、考古学、芸術、技術革新

TOEFL リーディング問題の構成

1パッセージは約700語で構成され、4段落から6段落に分かれています。誤答に対するペナルティーはないため、予想でも答える方が望ましいと言えます。同じパッセージ内であれば、1問目から10問目まで自由に往来することができます。しかし、一度次のパッセージに進んだり、リスニングセクションに進んだりしてしまうと、前のパッセージには戻れなくなります。最後の要約問題以外は4択問題です。最後の要約問題は、六つの候補から三つを選ぶ形式になります。

問題の特徴

全体像や大きな流れを問う問題もあれば、詳細な情報を問う問題もありますが、他のテストに比べて、TOEFLのリーディングは「全体像」「全体の流れ」を理解することがより大事になります。情報を探すというよりは、読んだことを理解し思考することで正解が特定できる、という問題が比較的多くなっています。選択肢については、正解の選択肢が、完全無欠な選択肢ではなく、疑念の余地がある選択肢だが、与えられた四つの選択肢の中ではベスト、という問題も一定数出題されます。解きやすい問題も、取り組みにくい問題もありますが、できるだけ正解数が増やせるよう、スキルを高め、問題に慣れていきましょう！

メモについて

メモを取ることはできますが、相当な理由がない限りはリーディングセクションでは多くのメモを取ることはお勧めではありません。読んだり考えたりする時間が削られてしまいます。また、どんな話だったかな?と流れを理解することが難しくなります。これは！と思うところだけ簡易的なメモを取っても構いませんが、必要以上にメモに時間と集中力を奪われないようにしましょう。

Reading

問題の種類

TOEFL リーディングの主な問題タイプを見ていきましょう。

タイプ 1	**Vocabulary**（語彙問題） この語句と最も意味が近い語句はどれか、と意味が近い単語を選ばせる問題です。
タイプ 2	**Factual Information**（内容一致） 本文に書いてあった内容はどれか、という内容理解を問う問題です。
タイプ 3	**Negative Factual Information**（内容不一致） 本文に書いていなかった選択肢を選ばせる問題です。
タイプ 4	**Inference**（推測問題） 本文に直接的な言及はないが、本文を参考に推測できる選択肢はどれかを選ばせる問題です。
タイプ 5	**Rhetorical Purpose**（修辞目的問題） 筆者がこの例を入れた目的は?などと、筆者の意図を考えさせる問題です。
タイプ 6	**Sentence Simplification**（言い換え問題） 複雑で長めの文が示され、その文を適切に要約・言い換えた文を選ばせる問題です。
タイプ 7	**Insertion**（挿入問題） この文を本文中に挿入するならどの場所がベストか、と挿入場所を選ばせる問題です。
タイプ 8	**Prose Summary**（要約問題） 長文全体の内容を要約するのに適切な三つの文を六つの選択肢から選べ、という全体要約です。
タイプ 9	**Table Question**（表問題） 表が掲げられ、True/False や、情報分けの形式で、表を完成させる問題です。 ※執筆時点、およびさかのぼって数年間、この問題タイプはほぼ見られていませんが、今後復活する可能性はあります。

サンプルの長文、問題、そしてその日本語訳と解説を見ていきましょう。

サンプル問題と解法

27

Bees and Honey

[1] Bees have evolved a complex process to produce one of nature's most amazing substances: honey. The process of honey creation begins with worker bees, typically females, venturing out to collect nectar from flowers using a tube-like structure that functions like a straw. These worker bees can visit up to 100 flowers in a single trip and collect tiny droplets of nectar from each. This nectar, mainly composed of water and various sugars, is stored in the bee's proventriculus, often called the "honey stomach" which is separate from their digestive stomach. In other words, bees have two stomachs, one for storing nectar and the other for digesting their own food.

[2] As soon as the nectar enters the proventriculus, it undergoes the first stage of transformation. Enzymes begin breaking down the nectar into simpler glucose molecules. One bee can carry up to 40 milligrams of nectar, almost half its body weight, back to the hive in a single trip. After returning to the hive, the bee passes the partially processed nectar to other bees through a mouth-to-mouth transfer process. This process serves two crucial purposes: it further reduces the nectar's water content through evaporation and facilitates the breakdown of the nectar into glucose molecules.

[3] Inside the hive, many other bees join and repeat this mouth-to-mouth nectar transfer process. Amazingly, they repeat this process over 20 times. Each time, the nectar's water content is reduced, and more glucose is produced. At the same time, these bees fan their wings vigorously to create airflow within the hive. This accelerates water evaporation from the nectar. They continue flapping their wings until the water content is reduced from the initial 70-80 percent to about 18 percent, transforming the nectar into honey. The entire process, from nectar collection to honey production, takes three days, but it can vary depending on numerous factors such as humidity.

Reading

サンプル問題と解法

4 During these honey production steps, several key changes occur. The honey becomes more acidic, which inhibits bacterial growth. Glucose oxidase, another enzyme added by the bees, further enhances the honey's antibacterial properties. The sugar concentration increases dramatically to the extent that it gets too high for many microorganisms that get into the nectar to survive. Additionally, the bees add small amounts of pollen to the honey, contributing to its potential health benefits. Once the honey becomes reasonably concentrated and sticky, bees in the hive deposit it into the honeycomb.

5 This natural process creates a material that lasts a very long time. Properly stored honey can last for decades or even centuries, as evidenced by the discovery of still-edible honey in ancient Egyptian tombs. While honey does not spoil under normal conditions, it can undergo natural changes over time. (A) ■ Crystallization is a common occurrence, especially in raw and unfiltered honey, where the glucose separates from water and forms crystals. This process is natural and does not indicate spoilage. (B) ■ Honey may also darken, and its flavor may get stronger due to chemical reactions, but these changes do not affect its safety or fundamental nutritional value. (C) ■ It has been reported that only when an overwhelming number of bacteria enter the honey will it rot. (D) ■

Q1 The word "functions" in paragraph 1 is closest in meaning to

(A) looks
(B) drinks
(C) works
(D) sounds

29

Q2 According to paragraph 1, which of the following is true about proventriculus?

(A) It is a tube used by honeybees to collect nectar.

(B) It is a temporary storage place for nectar.

(C) It is the sugar contained in the nectar.

(D) It is the stomach in which the bee digests its own food.

Q3 According to paragraphs 1 and 2, all of the following are correct about the nectar carried by honeybees EXCEPT

(A) The amount of water in it gradually increases.

(B) Its composition is changed by enzymes.

(C) It is passed by mouth from one bee to another.

(D) It is carried by a female bee.

Q4 What can be inferred from paragraph 3 about the nectar brought back to the hive?

(A) Moisture improves the quality of the nectar.

(B) The more the bees cooperate, the more the nectar condenses.

(C) The amount of nectar increases when exposed to air.

(D) The nectar becomes bitter with time.

Q5 The word "vary" in paragraph 3 is closest in meaning to

(A) delay

(B) increase

(C) stop

(D) change

Q6 In paragraph 4, why did the author mention glucose oxidase?

(A) To clarify the relationship between bacteria and disease

(B) To increase the concentration of nectar

(C) To explain the function of an enzyme

(D) To determine whether sugar is acidic or alkaline

Reading

Q7 Which of the sentences below best expresses the essential information in the highlighted sentence in the passage? Incorrect choices change the meaning in important ways or leave out essential information.

(A) The sugar concentration in the nectar is high, so microorganisms cannot grow.

(B) More microorganisms are attracted to the nectar as it gets sweeter.

(C) The sugar content must not be too high for microorganisms to survive.

(D) If too many microorganisms are concentrated in the nectar, it will go bad.

Q8 Why did the author bring up the Egyptian tombs in paragraph 5?

(A) To show that the quality of Egyptian honey is better than others

(B) To provide information about the origin of honey

(C) To cast doubt on existing theories

(D) To give an example of long-lasting honey

Q9 **Directions:** Look at the four squares [■] that indicate where the following sentence could be added to the passage.

In fact, some cultures prefer crystallized honey.

Where would the sentence best fit?
Click on a square [■] to add the sentence to the passage.

Q10 **Directions:** An introductory sentence for a brief summary of the passage is provided below. Complete the summary by selecting the THREE answer choices that express the most important ideas in the passage. Some sentences do not belong in the summary because they express ideas that are not presented in the passage or are minor ideas in the passage. This question is worth 2 points.

Drag your answer choices to the spaces where they belong.

The process of honey production begins when the bees bring the nectar collected from flowers back to the hive.

サンプル問題と解法

31

-
-
-

A Many bees repeatedly transfer nectar from mouth to mouth while also fanning their wings to circulate air, which reduces the water content of the nectar.

B By adding water, the bees increase the sugar and nutritional value of the nectar and produce high-quality honey.

C During honey production, the acidity and sugar concentration level increase; as a result, antibacterial properties of honey are enhanced.

D Glucose oxidase is a type of enzyme that bees produce.

E Although honey may undergo natural changes such as crystallization or color changes, these do not indicate spoilage.

F While crystallization may occur when the honey is over-concentrated, the quality is not affected in any way.

Reading

Bees and Honey

Bees have evolved a complex process to produce one of nature's most amazing substances: honey. The process of honey creation begins with worker bees, typically females, venturing out to collect nectar from flowers using a tube-like structure that functions like a straw. These worker bees can visit up to 100 flowers in a single trip and collect tiny droplets of nectar from each. This nectar, mainly composed of water and various sugars, is stored in the bee's proventriculus, often called the "honey stomach" which is separate from their digestive stomach. In other words, bees have two stomachs, one for storing nectar and the other for digesting their own food.

As soon as the nectar enters the proventriculus, it undergoes the first stage of transformation. Enzymes begin breaking down the nectar into simpler glucose molecules. One bee can carry up to 40 milligrams of nectar, almost half its body weight, back to the hive in a single trip. After returning to the hive, the bee passes the partially processed nectar to other bees through a mouth-to-mouth transfer process. This process serves two crucial purposes: it further reduces the nectar's water content through evaporation and facilitates the breakdown of the nectar into glucose molecules.

Inside the hive, many other bees join and repeat this mouth-to-mouth nectar transfer process. Amazingly, they repeat this process over 20 times. Each time, the nectar's water content is reduced, and more glucose is produced. At the same time, these bees fan their wings vigorously to create airflow within the hive. This accelerates water evaporation from the nectar. They continue flapping their wings until

---

ミツバチと蜂蜜

ミツバチは、自然界で最も驚異的な物質の一つである蜂蜜を生産するため、複雑な過程を進化させてきた。蜂蜜生成の過程は、働きバチ（通常メス）が、ストローのように機能する管状の構造を使って花から蜜を集めるために飛び出すところから始まる。これらの働きバチは1回の飛行で最大100個の花を訪れ、それぞれから微量の蜜を集める。この蜜は、主に水分とさまざまな糖分で構成されており、しばしば、消化のための胃とは別の、「蜜胃」と呼ばれるミツバチの前胃に貯蔵される。つまり、ミツバチは二つの胃を持っており、一つは蜜を貯蔵するため、もう一つは自身の食物を消化するためのものである。

蜜が前胃に入るとすぐに、最初の変化が始まる。酵素が蜜をよりシンプルなグルコース分子に分解し始める。1匹のハチは、1回の飛行で最大40ミリグラムの蜜を、つまり自身の体重のほぼ半分の量を巣に持ち帰ることができる。巣に戻ると、ハチは一部処理された蜜を口移しで他のハチに渡す。この過程は二つの重要な目的を果たす：蒸発により蜜の水分含有量をさらに減少させること、そして蜜のグルコース分子への分解を促進することである。

巣の中では、多くの他のハチがこの口移しの蜜の受け渡しの作業に加わり、これを繰り返す。驚くべきことに、ハチたちはこの作業を20回以上も繰り返す。その都度、蜜の水分含有量が減少し、多くのグルコースが生成される。同時に、これらのハチは巣内に空気の流れを作り出すために激しく羽ばたきをする。これにより蜜から

サンプル問題と解法

the water content is reduced from the initial 70-80 percent to about 18 percent, transforming the nectar into honey. The entire process, from nectar collection to honey production, takes three days, but it can vary depending on numerous factors such as humidity.

During these honey production steps, several key changes occur. The honey becomes more acidic, which inhibits bacterial growth. Glucose oxidase, another enzyme added by the bees, further enhances the honey's antibacterial properties. The sugar concentration increases dramatically to the extent that it gets too high for many microorganisms that get into the nectar to survive. Additionally, the bees add small amounts of pollen to the honey, contributing to its potential health benefits. Once the honey becomes reasonably concentrated and sticky, bees in the hive deposit it into the honeycomb.

This natural process creates a material that lasts a very long time. Properly stored honey can last for decades or even centuries, as evidenced by the discovery of still-edible honey in ancient Egyptian tombs. While honey does not spoil under normal conditions, it can undergo natural changes over time. (A) ■ Crystallization is a common occurrence, especially in raw and unfiltered honey, where the glucose separates from water and forms crystals. This process is natural and does not indicate spoilage. (B) ■ Honey may also darken, and its flavor may get stronger due to chemical reactions, but these changes do not affect its safety or fundamental nutritional value. (C) ■ It has been reported that only when an overwhelming number of bacteria enter the honey will it rot. (D) ■

の水分蒸発が加速する。当初70パーセントから80パーセントだった水分含有量が約18パーセントに減少するまでハチたちは羽ばたき続け、やがて蜜が蜂蜜に変わる。蜜の収集から蜂蜜の生産まで全過程は3日間かかるが、湿度などの多くの要因によって変動する。

これらの蜂蜜生産の間に、いくつかの重要な変化が起こる。蜂蜜はより酸性になり、これが細菌の繁殖を抑制する。ミツバチによって加えられるもう一つの酵素であるグルコースオキシダーゼは、蜂蜜の抗菌特性をさらに高める。糖分濃度は、蜜に入り込んだ多くの微生物が生存できないほど、劇的に上昇するのだ。また、ミツバチは蜂蜜に少量の花粉を加え、これが健康上の利点に寄与している可能性もある。蜂蜜が適度に濃縮され粘性を持つようになると、巣内のハチがそれを蜂の巣に貯蔵する。

この過程は、非常に長持ちする物質を生み出す。適切に保存された蜂蜜は数十年、あるいは数世紀にわたって保存可能であり、これは古代エジプトの墓で発見された、いまだに食用可能な蜂蜜によって証明されている。蜂蜜は通常の条件下では腐敗しないが、時間とともに自然な変化を起こす可能性がある。(A) 結晶化は、特に生のまたはろ過されていない蜂蜜でよく見られる現象で、グルコースが水から分離して結晶を形成することで起こる。これは自然なもので、腐敗ではない。(B) 蜂蜜は化学反応により色が濃くなったり、風味が強くなったりすることもあるが、これらの変化は安全性や基本的な栄養価に影響を与えない。(C) 圧倒的な数の細菌が蜂蜜に侵入した場合にのみ、それは腐敗するといわれている。(D)

Reading

Q1 The word "functions" in paragraph 1 is closest in meaning to

(A) looks

(B) drinks

(C) works

(D) sounds

第1段落の function という単語に一番近い意味の単語は
(A) looks （見える）
(B) drinks （飲む）
(C) works （機能する）
(D) sounds （聞こえる）

サンプル問題と解法

正解：C

解説 タイプ1の Vocabulary （語彙問題）です。本文中にグレーでハイライトされた単語、functions に最も意味が近い単語を選びます。function は、名詞で「機能」という意味もありますが、動詞で「機能する」という使い方もあります。今回は、collect nectar from flowers using a tube-like structure that functions like a straw （ストローのように機能する管状の構造を使って花から蜜を集める）という文中で使われています。

解き方のコツ

語彙問題の解き方ですが、できる限り本文の該当箇所を見ずに、知識だけで選択肢から正解を選びましょう。前提として、本文を参照しなくても答えられるようになっています。本文を読むと逆に惑わされます。「この箇所に入れたらきれいに聞こえる単語」を誤答選択肢に持ってくるひっかけはよく見られます。今回は、(A) looks を入れると、structure that looks like a straw （ストローのように見える構造）と自然に感じます。しかし、look は function とは根本的に意味が違いますので正解ではありません。別の視点で、straw （ストロー）から drinks （飲む）への連想を誘発しようとしているのが (B) drinks です。このように、本文の該当箇所を読むことで、巧妙に準備された誤答選択肢にひっかかってしまう確率が上がります。極力、本文を参照せずに解く方が望ましいと言えます。

Q2 According to paragraph 1, which of the following is true about proventriculus?

(A) It is a tube used by honeybees to collect nectar.

(B) It is a temporary storage place for nectar.

(C) It is the sugar contained in the nectar.

(D) It is the stomach in which the bee digests its own food.

第1段落によると、proventriculus（前胃）について正しい情報はどれか。
(A) ミツバチが蜜を集めるのに使う管である。
(B) 蜜を一時保存する場所である。
(C) 蜜の中に含まれる糖分である。
(D) ミツバチ自身の食料を消化する胃袋である。

正解：B

35

解説 タイプ2の Factual Information（内容一致）です。第1段落で proventriculus（前胃）について、蜜を貯蔵する場所で、消化のための胃とは別の胃であるとの記載があります。This nectar, mainly composed of water and various sugars, is stored in the bee's proventriculus, often called the "honey stomach" which is separate from their digestive stomach.（この蜜は、主に水分とさまざまな糖分で構成されており、しばしば、消化のための胃とは別の、「蜜胃」と呼ばれるミツバチの前胃に貯蔵される）。この内容に一致するのは (B) となります。

解き方のコツ

部分的に読まず、より広範囲に全体的に読んでいきましょう。これは TOEFL 全般に言えることですが、TOEFL は、部分的に読んだり聞いたりして答えるよりも、全体的に理解して答える問題が多いテストです。確かに (A) のミツバチが蜜を集めるのに使う管については言及はあります。しかし、その管は proventriculus（前胃）とは関係がありません。「なんか管について見た気がする…」と部分的な視点で選ばないようにしましょう。(D) の消化胃も、言及されていますが、「前胃は消化胃とは異なる」という説明になっています。消化胃という単語が直後に来ているのでこれっぽい、と局所的に、部分的に見て選ぶのではなく、文レベル、パラグラフレベルでの理解に基づいて正解を選びましょう。

Q3 According to paragraphs 1 and 2, all of the following are correct about the nectar carried by honeybees EXCEPT

(A) The amount of water in it gradually increases.

(B) Its composition is changed by enzymes.

(C) It is passed by mouth from one bee to another.

(D) It is carried by a female bee.

第1および第2段落によると、ミツバチによって運ばれる蜜について正しくない情報はいずれか。
(A) その中の水分量が次第に増えていく。
(B) 酵素によってその成分が変わる。
(C) それは口移しで他のハチに渡される。
(D) それはメスのハチによって運ばれる。

正解：A

解説 タイプ3の Negative Factual Information（内容不一致）です。四つの選択肢のうち、三つは本文の内容に一致しており、一つは本文には記載がないものです。この記載がない不一致の選択肢を選べます。(A) の蜜の中の水分量が次第に増えていく、という記載は本文中にないので、これが本文と不一致であり、正解となります。(B) は、第2段落に、酵素が蜜をよりシンプルなグルコース分子に分解し始める、とあるので一致しています。(C) は、第2段落に、ハチは一部処理された蜜を口移しで他のハチに渡す、とあるので一致しています。(D) は、第1段落に、働きバチ（通常メス）が…花から蜜を集める、とあるのでこれも内容一致しています。

Reading

解き方のコツ

この問題タイプは、すべての選択肢の該当箇所を細かく探していると、時間がどんどん経過していってしまいます。記載がないと判断するには時間がかかるのです。該当するパラグラフを一読し、「え、そんな情報はどこにもなかったんですけど…」と思う選択肢を選びましょう。また、(D) のそれはメスのハチによって運ばれる、については、typically females（通常はメス）とあるので、必ずメスとは言えないのでは?と考えるかもしれません。確かにその通りで、完全無欠な選択肢ではないのですが、(A) の蜜の中の水分量が次第に増えていく、の方がはるかにまずく、かすりもしていません。明らかに言及されていない (A) の選択肢よりは、(D) はまし、と捉えます。この手の問題は一定数出題されます。

Q4 What can be inferred from paragraph 3 about the nectar brought back to the hive?

(A) Moisture improves the quality of the nectar.

(B) The more the bees cooperate, the more the nectar condenses.

(C) The amount of nectar increases when exposed to air.

(D) The nectar becomes bitter with time.

第3段落において、巣に持ち帰られた蜜について何が推測されるか。
(A) 水分は蜜の質を向上させる。
(B) より多くのミツバチが協力するほど蜜は凝縮する。
(C) 空気に当たると蜜の量が増えていく。
(D) 時間をかけると蜜は苦くなる。

正解：B

解説 タイプ4の Inference（推測問題）です。巣に持ち帰られた蜜について、より多くのミツバチが協力するほど蜜は凝縮する、という (B) が正解です。直接このように明文化されているわけではありませんが、本文中に、ハチが蜜の受け渡しを口移しで20回以上繰り返し、その都度水分は減少する、という趣旨の記述があります。この理解を基に、受け渡しに協力するハチが多いほど蜜が凝縮していくだろうという推測が可能です。他の選択肢の推測を可能にする記述は本文中にありません。

解き方のコツ

推測問題は、文字通り推測して判断する問題なので、本文中に直接的な言及があるとは限りません。ですので、これは書いてあったかな?と本文中を探すのではなく、画面を見ず、視線を斜め上に向けて考えてみましょう。「…ということは、こういうことになるよね…」と考えて成り立つ選択肢を選びましょう。ちなみに、What can be inferred?（何が推測されるか）と聞いてきているのに、本文中にある程度明文化されている内容の選択肢が正解になることがあります。いずれにしても、最も正しいであろう、と思える選択肢を選ぶことになります。

サンプル問題と解法

Q5 The word "vary" in paragraph 3 is closest in meaning to

(A) delay

(B) increase

(C) stop

(D) change

第3段落の vary という単語に一番近い意味の単語は

(A) delay（遅れる）

(B) increase（増加する）

(C) stop（止まる）

(D) change（変わる）

正解：D

解説 タイプ1の Vocabulary（語彙問題）です。vary は何かが変わる、何かに幅がある、という意味で使われる動詞です。選択肢の中で最も意味が近いのは (D) change（変わる）です。本文の該当箇所に選択肢 (A) と (B) を入れて読んでみると、delay depending on numerous factors / increase depending on numerous factors となり、見た目は自然で単語の相性も良さそうです。このように該当箇所を参照すると、目移りして迷ってしまうことが増えます。該当箇所を参照せずに単語の意味だけで解答を選びましょう。ちなみに、variety（バラエティー）は幅広さという意味で使われる名詞で、vary の派生語です。various（さまざまな）も同様です。

Q6 In paragraph 4, why did the author mention glucose oxidase?

(A) To clarify the relationship between bacteria and disease

(B) To increase the concentration of nectar

(C) To explain the function of an enzyme

(D) To determine whether sugar is acidic or alkaline

第4段落において、なぜ著者は glucose oxidase（グルコースオキシダーゼ）について述べたのか。

(A) バクテリアと病気の関係を解き明かすため

(B) 蜜の濃度を高めるため

(C) 酵素の機能を説明するため

(D) 砂糖が酸性かアルカリ性かを決定するため

正解：C

解説 タイプ5の Rhetorical Purpose（修辞目的問題）です。なぜ著者は glucose oxidase（グルコースオキシダーゼ）について述べたのか。その目的を聞いています。Glucose oxidase, another enzyme added by the bees, further enhances the honey's antibacterial properties.（ミツバチによって加えられるもう一つの酵素であるグルコースオキシダーゼは、蜂蜜の抗菌特性をさらに高める）と本文中にあります。グルコースオキシダーゼという酵素には、蜂蜜の抗菌特性を高める機能があることがわかるので (C) の酵素の機能を説明するためです。

Reading

> **解き方のコツ**
>
> TOEFL リーディングセクション全般に共通することですが、問われている部分の前後（特にすぐ後）を見ると答えに直結する情報が書かれていることが多いです。glucose oxidase（グルコースオキシダーゼ）の言及理由について聞かれている質問ですが、本文中ではこの単語のすぐ後に、蜂蜜の抗菌特性をさらに高める、と書かれているので、この酵素の機能を説明しているとわかります。タイプ5の Rhetorical Purpose（修辞目的問題）でも、局所的になりすぎず、前後を含め広範囲に一読して、流れを理解し、言及されている目的を考えて選びましょう。

サンプル問題と解法

Q7 Which of the sentences below best expresses the essential information in the highlighted sentence in the passage? Incorrect choices change the meaning in important ways or leave out essential information.

 (A) The sugar concentration in the nectar is high, so microorganisms cannot grow.

 (B) More microorganisms are attracted to the nectar as it gets sweeter.

 (C) The sugar content must not be too high for microorganisms to survive.

 (D) If too many microorganisms are concentrated in the nectar, it will go bad.

ハイライトされている文の本質的な情報を最もよく表しているのは以下のうちどれか。不正解の選択肢は重要な意味を変えたり、重要な情報を省いたりしている。

 (A) 蜜の糖分濃度が高いので微生物は繁殖できない。

 (B) 蜜が甘くなるほど多くの微生物がそれに引き寄せられていく。

 (C) 微生物が生きていくためには、糖分が多すぎてはならない。

 (D) 多くの微生物が蜜に集中すると蜜は腐敗する。

正解：A

解説 タイプ6の Sentence Simplification（言い換え問題）です。比較的複雑な構造をした文がグレーでハイライトされています。今回は以下の部分で、これを最もうまく言い換えているのは (A) です。

[本文中の原文]
The sugar concentration increases dramatically to the extent that it gets too high for many microorganisms that get into the nectar to survive.
糖分濃度は、蜜に入り込んだ多くの微生物が生存できないほど、劇的に上昇する。

[選択肢 (A) の文]
The sugar concentration in the nectar is high, so microorganisms cannot grow.
蜜の糖分濃度が高いので微生物は繁殖できない。

39

解き方のコツ

選択肢を読む前に、まずはハイライトされた文を読んで、自分なりに読解し、頭に意味を思い浮かべます。その後で初めて選択肢四つに目を通します。このやり方で行けば、誤答選択肢をはじきやすくなります。先に選択肢を見ると、どれも良さそうに見えてくるので、避けましょう。今回は、(C) は最終的に意味することは同じなのかもしれません。しかし、原文の直接的な言い換えにはなっていません。「空腹感を覚える」の直接的な言い換えは「おなかが減った」です。「何か食べなければいけない」ではありません。直接的な言い換えを選びましょう。

Q8 Why did the author bring up the Egyptian tombs in paragraph 5?

    (A) To show that the quality of Egyptian honey is better than others

    (B) To provide information about the origin of honey

    (C) To cast doubt on existing theories

    (D) To give an example of long-lasting honey

なぜ著者は第5段落でエジプトの墓の話を持ち出したのか。
(A) エジプトの蜂蜜の質が他より良いことを示すため
(B) 蜂蜜の起源についての情報を提供するため
(C) 既存の学説に疑問を投げかけるため
(D) 長持ちする蜂蜜の事例を挙げるため

正解：D

解説 タイプ5の Rhetorical Purpose（修辞目的問題）です。なぜ著者はエジプトの墓の話をしたのでしょうか。探すのではなく、考えてみましょう。エジプトの墓の話の前に、「適切に保存された蜂蜜は数百年持つ」とあり、「それはエジプトの墓で見つかった蜂蜜によっても裏付けられる」という趣旨の記載があります。この流れをくんで考えてみると、著者は長持ちする蜂蜜の事例を挙げるためにエジプトの墓の話をしたのだと考えることができます。これを表しているのは (D) でありこれが正解です。

Reading

Q9 Directions: Look at the four squares [■] that indicate where the following sentence could be added to the passage.

In fact, some cultures prefer crystallized honey.

Where would the sentence best fit?
Click on a square [■] to add the sentence to the passage.

指示：次の文をパッセージのどこに書き加えられるかを示す四つの［■］に注目しなさい。

実際、結晶化した蜂蜜を好む文化もある。

この文はどこに最も当てはまるか。
［■］をクリックすると、その文が追加される。

サンプル問題と解法

正解：B

解説 タイプ7の Insertion（挿入問題）です。**In fact, some cultures prefer crystallized honey.（実際、結晶化した蜂蜜を好む文化もある）**という1文を本文中に挿入するならば、四つある■のうちどの場所がベストか、と問われています。本文中の二つ目の■に挿入すると、以下のような流れができます。

Crystallization is a common occurrence, especially in raw and unfiltered honey, where the glucose separates from water and forms crystals. This process is natural and does not indicate spoilage. **In fact, some cultures prefer crystallized honey.**
結晶化は、特に生のまたはろ過されていない蜂蜜でよく見られる現象で、グルコースが水から分離して結晶を形成することで起こる。これは自然なもので、腐敗ではない。**実際、結晶化した蜂蜜を好む文化もある。**

蜂蜜の結晶化の話がまだ始まっていない一つ目の■に挿入することはできません。二つ目の■の前までで結晶化の話はすでに終わっており、次の文からは結晶化とは違う話が始まっています。よって、三つ目の■に結晶化の話を入れることはできません。同様の理由で四つ目の■に挿入することもできません。

┌─ **解き方のコツ** ─────────────────

挿入問題では、まずは挿入する太字の文を読みます。**In fact, some cultures prefer crystallized honey.（実際、結晶化した蜂蜜を好む文化もある）**。この挿入する1文について、「この前にはどういう文が来るだろうか」「この後にはどういう文が続くだろうか」と考えます。In fact（実際に）と始まっているので、この文の前に理論などの説明があり、その例になっているのだろう、と予想できます。また、もし後に文が続くとすると、どういう文化があるのかについての説明や具体的な文化の名前が出てくるかもしれない、と予想します。その視点で上の■から順々に入れて、前後の文と合う場所を選びます。「この前後に来る文はどういうものだろうか」と考えずに取りあえず入れてみると、あれもこれも良く見えて、消去法でも判断に困ることもあります。したがって先に考えて、一本釣りで行きましょう。

41

Q10 Directions: An introductory sentence for a brief summary of the passage is provided below. Complete the summary by selecting the THREE answer choices that express the most important ideas in the passage. Some sentences do not belong in the summary because they express ideas that are not presented in the passage or are minor ideas in the passage. This question is worth 2 points.

Drag your answer choices to the spaces where they belong.

The process of honey production begins when the bees bring the nectar collected from flowers back to the hive.

-
-
-

A Many bees repeatedly transfer nectar from mouth to mouth while also fanning their wings to circulate air, which reduces the water content of the nectar.

B By adding water, the bees increase the sugar and nutritional value of the nectar and produce high-quality honey.

C During honey production, the acidity and sugar concentration level increase; as a result, antibacterial properties of honey are enhanced.

D Glucose oxidase is a type of enzyme that bees produce.

E Although honey may undergo natural changes such as crystallization or color changes, these do not indicate spoilage.

F While crystallization may occur when the honey is over-concentrated, the quality is not affected in any way.

指示：このパッセージの要約の導入文を以下に示す。パッセージの中で最も重要な内容を表す選択肢を三つ選び、要約を完成させなさい。いくつかの文は、パッセージに提示されていない、またはパッセージ中のさいな内容であるため、要約にはふさわしくない。この問題は2点が割り当てられている。

解答の選択肢をドラッグして適切なスペースに移動しなさい。

ミツバチが花から集めた蜜を巣に持ち帰るところから蜂蜜製造のプロセスは始まる。

A 多くのミツバチが蜜の口移しを繰り返し、同時に羽を動かして空気を循環させることで、蜜の水分含有量を減少させる。

B 蜜に水分を加えることでミツバチは、蜜の糖度と栄養価が上げ、良質な蜂蜜を作る。

C 蜂蜜生成過程で、酸性度と糖度が上昇し、その結果、蜂蜜の抗菌性が高まる。

D グルコースオキシダーゼはハチが生産する酵素である。

E 蜂蜜には結晶化や色の濃化といった自然な変化は起こり得るものの、これらは腐敗を意味するものではない。

F 蜂蜜の過度な濃縮により結晶化が起こることがあるが、品質には何ら影響はない。

正解：A C E

解説 タイプ8の Prose Summary（要約問題）です。六つある選択肢のうち、どの三つを選べば、パッセージの全体的な要約を作ることができるかを考えます。誤答選択肢は、パッ

Reading

セージには書かれていない内容であったり、パッセージの内容と相反する内容だったり、書かれているが情報が小さすぎて全体の要約としては不適切だったりします。

A 多くのミツバチが蜜の口移しを繰り返し、同時に羽を動かして空気を循環させることで、蜜の水分含有量を減少させる。
　　→第2段落、第3段落をまとめている適切な内容です。〔正解〕

B 蜜に水分を加えることでミツバチは、蜜の糖度と栄養価を上げ、良質な蜂蜜を作る。
　　→水分が減ることで蜜の糖度と栄養価が上がっていくので、パッセージの内容と相反する内容です。

C 蜂蜜生成過程で、酸性度と糖度が上昇し、その結果、蜂蜜の抗菌性が高まる。
　　→第4段落をまとめている適切な内容です。〔正解〕

D グルコースオキシダーゼはハチが生産する酵素である。
　　→第4段落に書かれている正しい情報ですが、パッセージ全体の要約を成すには小さすぎる情報です。

E 蜂蜜には結晶化や色の変化といった自然な変化は起こり得るものの、これらは腐敗を意味するものではない。
　　→第5段落をまとめている適切な内容です。〔正解〕

F 蜂蜜の過度な濃縮により結晶化が起こることがあるが、品質には何ら影響はない。
　　→結晶化の原因はグルコースが水と分離することですから、不適切です。

╭─ 解き方のコツ ─────

まず、与えられた1文を必ず読みましょう。今回は、**The process of honey production begins when the bees bring the nectar collected from flowers back to the hive.（ミツバチが花から集めた蜜を巣に持ち帰るところから蜂蜜製造のプロセスは始まる）**とあります。これが、パッセージの要約の最初に来るとして、それに続く三つの文を選べという問題なのです。最初のこの文を読まないのは、わざわざ出してくれている大きなヒントをあえて見ずに解くようなものです。与えられたヒントに続き、書かれていた内容を大枠でまとめるならどれを選べば適切かと考え選んでいきます。

この最後の要約問題は、再度パッセージを読み込むことなく、これまでの記憶、理解を基に選択肢を選ぶのがお勧めです。現実的に、六つの選択肢のすべてをチェックしに原文に何度も戻る時間はありません。「こういうことは書いてあったと思う」→選ぶ、「こういうことは書いてなかった」→選ばない、「微妙、判断できない」→これだけ最後に該当部分に戻って正誤を確認する。このように選んでいきましょう。完成した要約は以下のようになります。

The process of honey production begins when the bees bring the nectar collected from flowers back to the hive. Many bees repeatedly transfer nectar from mouth to mouth while also fanning their wings to circulate air, which reduces the water content of the nectar. During honey production, the acidity and sugar concentration level increase; as a result, antibacterial properties of honey are

サンプル問題と解法

43

enhanced. Although honey may undergo natural changes such as crystallization or color changes, these do not indicate spoilage.

ミツバチが花から集めた蜜を巣に持ち帰るところから蜂蜜製造のプロセスは始まる。 多くのミツバチが蜜の口移しを繰り返し、同時に羽を動かして空気を循環させることで、蜜の水分含有量を減少させる。蜂蜜生成過程で、酸性度と糖度が上昇し、その結果、蜂蜜の抗菌性が高まる。蜂蜜には結晶化や色の変化といった自然な変化は起こり得るものの、これらは腐敗を意味するものではない。

TOEFL に挑む際のメンタルについて

　TOEFL の問題には、専門的で難しい内容が多く含まれています。最初はその難しさに圧倒され、気持ちがなえてしまうこともあるかもしれません。しかし、焦らずに学習を進めていけば、徐々に理解できる問題が増え、点数も確実に上がっていきます。そのためには、しっかりとしたマインドセットが重要です。

　大事なのは「足し算思考」です。足し算思考とは、「この単語を覚えた」「あの熟語も覚えた」「この文章が読めるようになった」「正解が1問でも増えた」といったように、小さな進歩に注目し、それを積み重ねていく考え方です。

　逆に、望ましくないのは「引き算思考」です。これは、自分の理想と現実を比較して、「あれもできない」「これもできない」と、できないことに焦点を当ててしまう考え方です。これは心を折ってしまうことにもつながります。

　TOEFL に挑む際には、ぜひ「足し算思考」で進んでください。できるようになったことに注目し、自分を褒めながら進めていくことで、モチベーションが上がり、学習を続けることができます。学習が続くと、それがさらなる理解につながり、良い循環を生んでいきます。

Listening

Listening

　TOEFL リスニングでは、英語圏（特に北米）での大学生活を想定し、アカデミックなセッティングでの英会話や授業の講義をリスニングして問題に答えます。さまざまなシチュエーション、分野から出題されますが、アカデミックな内容であるというのが共通点です。

リスニングで最頻出の分野

地球科学、人類学、芸術、環境科学、歴史（古代史を含む）

リスニングで頻出の分野

天文学、生物学、考古学、社会学、建築学

TOEFL リスニング問題の構成

　TOEFL のリスニングセクションは、五つの大問で構成されています。

1. Conversation 1: 教授と学生の会話を聞いて問いに答える。約3分の会話、問題は5問。
2. Lecture 1: 教授の講義を聞いて問いに答える。約5分間の講義、問題は6問。
3. Conversation 2: 教授と学生の会話を聞いて問いに答える。約3分の会話、問題は5問。
4. Lecture 2: 教授の講義を聞いて問いに答える。約5分間の講義、問題は6問。
5. Lecture 3: 教授の講義を聞いて問いに答える。約5分間の講義、問題は6問。

　合計で、五つの大問が上記のような順番で出題されます。1. と 2. を6分半の制限時間内で解き、3. から 5. までを10分の制限時間内で解く、という設定です。全部で28問出題され、基本的には1問につき素点1点が割り振られます。最高素点28点が、30点換算されます。

※ 3. と 4. の順序が逆転する場合もあります。
※まれに1問素点2点の問題が出る場合があります。

問題の特徴

　会話の目的や講義のテーマなど、全体像を問う問題もあれば、詳細な情報を問う問題もあります。情報を探したり詳細を記憶したりというよりは、聞いたストーリーを「理解し」、その理解に基づいて答えるという趣旨の問題が多く出題されます。思考することで正解が特定できる問題が比較的多くなっています。発音はアメリカ英語の発音です。口語表

サンプル問題と解法

45

現や、専門性が高い表現も登場しますので、練習問題をこなし、さまざまなシチュエーション、分野に慣れておくことが求められます。詳細まですべて理解できなくても、大枠がイメージできれば解ける問題も一定割合あるため、難しいと思っても諦めずに聞き、ベストを尽くしましょう。

メモについて

　メモを取ることはできますが、リーディングセクション同様、リスニングでも多くのメモを取ることはお勧めではありません。一切メモを取らない人もいますし、高得点者になるほどメモを取らない傾向が見られます。メモを取る際には、目と手に思考や集中力を割り振らなければなりません。また、そもそもですが、メモを取っても、答えるときにメモを見ながら答えている人はほとんどいません。メモを取るにしても、これは絶対に必要!と判断する項目だけに限りましょう。

問題の種類

　TOEFL リスニングの主な問題タイプを見ていきましょう。

タイプ 1	**Gist**（趣旨問題） 会話の目的、講義のテーマは何だったか、概要理解を問う問題です。
タイプ 2	**Detail**（詳細問題） 会話や講義の内容の詳細が理解できているかを問う問題です。
タイプ 3	**Inference**（推測問題） 直接的な言及はないが、会話や講義内容から推測できる選択肢はどれかを選ばせる問題です。
タイプ 4	**Attitude**（態度問題） 相手の発言や特定のテーマに対して、話者がどのような印象や感情を抱いているかを問う問題です。
タイプ 5	**Organization**（構成問題） 教授がどのような方法で授業を展開しているかを問う問題です。

Listening

タイプ6	**Connecting Content**（内容関連付け問題） 当てはまる解答を四つの選択肢から二つ選べ、という複数選択問題です。このタイプは素点1点です。頻度は少ないものの、当てはまる解答を五つの選択肢から三つ選べ、という問題や、表を完成させなさい、という問題が出題されることもあり、これらは素点2点となります。
タイプ7	**Function**（機能問題） 教授（または学生）はなぜこの発言をしたのかと発言の真意を推察させる問題です。多くの場合、会話や講義の一部を再生し、その箇所の発言の趣旨を問います。問題セットのうちでは、通常最後に出題されます。

サンプルの会話と講義、問題、そしてその日本語訳と解説を見ていきましょう。

サンプル問題と解法

47

Conversation 🔊 1-6

Q1   Why did the student visit the professor?

(A) He could not decide on a topic for his research paper.
(B) He wanted to ask questions about his assignment.
(C) He wanted to tell the professor that he is not feeling well.
(D) He is having trouble finding appropriate sources.

Q2   What does the professor say about the rule about references?

(A) Students must use five sources in the introduction.
(B) Students cannot use information from online sources.
(C) The more references, the better.
(D) Students must use several sources.

Q3   What is the professor's response to the student's request for an extension?

(A) The professor immediately approves the extension.
(B) The professor refuses to give an extension.
(C) The professor says she will consider it again depending on the situation.
(D) The professor tells the student that the deadline has already passed.

Q4 What does the professor encourage the student to do before submitting the assignment?

Choose TWO answers.

(A) Use diagrams to illustrate things
(B) Confirm the deadline
(C) Get advice from last year's students
(D) Double-check the content

Q5 Listen again to part of the conversation. Then answer the question.

Why does the student say this?

(A) He wants to ask further questions.
(B) He understands the definition of the new word.
(C) He wants to thank his teacher.
(D) He is convinced by the advice.

スクリプト

Listen to part of a conversation between a student and a professor.

[1] **Student:** Hi, professor. Do you have a minute?

[2] **Professor:** Sure, come on in. What can I help you with today, Matt?

[3] **Student:** I'm a bit confused about the research paper assignment on biotechnology you gave us last week. I just wanted to clarify a few things.

[4] **Professor:** What's the issue?

[5] **Student:** Well, It's about citation. I know we have to use multiple books or journals to collect information, but I'm not sure how many sources we're supposed to include. The instructions mention "several academic sources," but how many exactly are required?

[6] **Professor:** Ah, I see. For this paper, you should aim to use at least five academic sources. That could be articles from journals, books, or other reliable sources including online articles.

[7] **Student:** Got it. And do the sources need to be from a specific time period, or can we use older ones?

[8] **Professor:** That's a good question. While older sources can be useful, you must focus on more recent research, say, within the last five years. Technology advances very quickly, so using old sources is not recommended.

[9] **Student:** OK, that makes sense. Also, I wanted to ask about the structure of the paper. You mentioned in class that we should include an introduction, body paragraphs, and a conclusion. How long should the introduction be? The syllabus says "any length."

[10] **Professor:** The introduction doesn't need to be too long. I would say five to ten sentences.

学生と教授の会話の一部を聞きなさい。

[1] **学生:** こんにちは、教授。ちょっといいでしょうか。

[2] **教授:** どうぞ、お入りください。マット、今日はどうしたのかな?

[3] **学生:** 先週出された生物工学のリサーチペーパーについて、少し混乱していまして。明確にしたいことがいくつかあるんです。

[4] **教授:** 何でしょうか。

[5] **学生:** ええ、引用についてです。情報収集のために複数の書籍やジャーナルを使わなければならないのはわかっているのですが、どれだけの情報源を使うことになっているのかわかりません。指示書には「いくつかの学術的な情報源」とありますが、具体的にいくつ必要なのでしょうか。

[6] **教授:** ああ、なるほど。このペーパーでは、少なくとも五つの学術的な情報源を使うことを目標にしましょう。ジャーナルや書籍からの記事、あるいはその他ネットの記事を含む信頼できる情報源ですね。

[7] **学生:** わかりました。また、出典は特定の時代のものでなければならないのですか、それとも古いものでもよいのですか。

[8] **教授:** いい質問ですね。古い情報源も役に立ちますが、最近の研究、そうですね、過去5年以内のものに焦点を当てましょう。技術の進歩はとても早いので、古い資料を使うのはお勧めできません。

[9] **学生:** なるほど、そうですね。あと、ペーパーの構成についてお聞きしたいです。授業で、イントロ、本文、結論を含めるべきだとおっしゃっていました。イントロはどのくらいの長さにすればいいのでしょうか。シラバスには「任意の長さ」とありますが。

[10] **教授:** イントロはあまり長くする必要はありません。5文から10文くらいで

50

It should clearly state your research question or thesis and give a brief overview of what the paper will cover.

[11] **Student:** Thanks for clearing that up. I'll make sure to focus on the research question in the introduction. One last thing—I noticed that the paper is due in two weeks, but as you know, I was sick the whole week last week, and I mean... my request is that... Is there any chance I could get an extension on this?

[12] **Professor:** Hmm, I generally don't give extensions unless there is something irregular. However, I know you were sick, and I would say your request is worth considering. Try to finish it by the deadline first, and if you really think you need more time, please let me know. How about that?

[13] **Student:** I understand. I'll try to manage my time and hopefully won't need an extension.

[14] **Professor:** That's a good plan, Matt. Time management is key, especially when you have multiple deadlines. Before you turn in your paper, make sure your paper includes some graphs and charts to support your argument. Last year in the same class, many students missed this requirement, which lowered their grade.

[15] **Student:** Yes, professor! I'll make sure to explain the data in detail with graphs or charts.

[16] **Professor:** Perfect. As usual, don't forget to proofread your paper before you submit it. Clear writing and good organization will help your argument come across more effectively. Proofreading is one of the most important aspects of writing an essay. Again, I found many obvious errors last year, and I can't emphasize enough the importance of proofreading.

[17] **Student:** Thanks for the reminder. I'll definitely double-check my work before turning it in.

いいでしょう。研究課題や論旨を明確に述べ、ペーパーが扱う内容を簡単に説明してください。

[11] **学生:** 疑問点を解決していただきありがとうございます。イントロでは研究課題に焦点を当てるようにします。最後にもう一つ、論文の締め切りが2週間後なのですが、ご存じの通り、私は先週ずっと体調を崩していました。何とか締め切りの延長をお願いできませんでしょうか。

[12] **教授:** 通常、特別なことがない限り、延長は許可しません。しかし、あなたが病気だったことは知っていますし、考慮に値する状況ではありますね。まずは期限までに終わらせるようにしてみて、どうしてももっと時間が必要だと思ったら言ってください。これでいかがでしょうか。

[13] **学生:** わかりました。時間をうまく管理して、できれば延長の必要がないようにしたいと思います。

[14] **教授:** それはいい心がけですね。特に複数の締め切りがある場合は、時間管理が重要ですからね。ペーパーを提出する前に、主張を裏付けるためにグラフや図表が適切に含まれていることを確認してください。昨年、同じクラスで、多くの学生がこの要件を見落としてしまって、成績を下げることになりました。

[15] **学生:** はい、教授！ グラフや図表を使ってデータを詳しく説明するようにします。

[16] **教授:** 完璧です。いつものように、ペーパーを提出する前に校正することを忘れないでくださいね。クリアな文章と適切な構成により、あなたの主張ポイントがより効果的に伝わるようになりますから。校正はエッセーを書く上で最も重要なことの一つなんです。さっきと同じ話ですが、昨年、明らかなミスをたくさん見て、やはり校正の重要性はいくら強調しても足りません。

[17] **学生:** リマインダー、ありがとうございます。提出する前に自分の提出物を必ず再チェックするようにします。

Q1 Why did the student visit the professor?

    (A) He could not decide on a topic for his research paper.

    (B) He wanted to ask questions about his assignment.

    (C) He wanted to tell the professor that he is not feeling well.

    (D) He is having trouble finding appropriate sources.

なぜ学生は教授を訪ねたのか。
(A) 彼はリサーチペーパーのトピックを決められなかった。
(B) 彼は課題について質問をしたかった。
(C) 彼は今体調が悪いということを教授に伝えたかった。
(D) 彼は適切な参考文献を見つけられずにいる。

正解：B

🔍 **解説** タイプ1のGist（趣旨問題）です。なぜ学生が教授を訪ねたのかが問われています。この会話全体の内容から学生の目的を考えましょう。話の全体像としては、課題となっているリサーチペーパーについて、引用の数やイントロの長さを聞いています。また、締め切りの延長についても尋ねています。総合的に考えると、課題についてあれこれと質問があり、それを解決したかったと判断でき、(B) が正解となります。(C) の彼は今体調が悪いということを教授に伝えたかった、については、先週体調不良でしたが、それを伝えたくて教授のもとに話に行ったのではないため、これは正解にはなりません。

解き方のコツ

全体像を問う問題ですので、細かい1文や聞き取れた単語に固執することなく、「全体を通じてどういう会話だったか」と考えます。その上で、大きな視点で考えたなら、これが会話の目的であろうと、大局的な視点で正解を選びます。局所的な視点で選んでしまうと、(C) のような部分的には正しいが主たる目的ではない、というひっかけにかかってしまいます。大局的に俯瞰的に考えましょう。

Q2 What does the professor say about the rule about references?

    (A) Students must use five sources in the introduction.

    (B) Students cannot use information from online sources.

    (C) The more references, the better.

    (D) Students must use several sources.

教授は参考文献についてのルールについてなんと述べているか。
(A) イントロダクションに五つの参考文献を使わなければいけない。
(B) オンラインからの情報は使ってはいけない。
(C) 参考情報は多ければ多いほどよい。
(D) いくつかの参考文献を使わなければいけない。

正解：D

Listening

🔍 **解説** タイプ2の Detail（詳細問題）です。学生に「具体的にいくつ情報源を使えばいいのか」と問われ、[6] Ah, I see. For this paper, you should aim to use at least five academic sources.（ああ、なるほど。このペーパーでは、少なくとも五つの学術的な情報源を使うことを目標にしましょう）と答えています。この内容から、(D) のいくつかの参考文献を使わなければいけない、が正解と特定できます。

┌─ **解き方のコツ** ─┐

(D) の several sources という表現は、実際の発言である at least five academic sources を言い換えています。TOEFL では、このように言い換え表現が選択肢に多く見られます。選択肢を読むときにはアンテナを張って「これは内容を言い換えている部分だ」と気づけるスキルが必要です。聞いた内容をすべてメモしていくことは不可能ですので、メモに頼るのではなく、記憶しようとするのでもなく、聞いたことを「理解してイメージする」というアプローチがお勧めです。聞き取れる部分が増えるほど情景がイメージしやすくなっていきます。聞き取れない部分が多いと、イメージしづらくなりますが、何も聞き取れていない、というわけではないはずです。聞き取れていることを基にできるだけイメージして、そのイメージに基づいて正解を選びましょう。

Q3 What is the professor's response to the student's request for an extension?

  (A) The professor immediately approves the extension.

  (B) The professor refuses to give an extension.

  (C) The professor says she will consider it again depending on the situation.

  (D) The professor tells the student that the deadline has already passed.

学生の延長申請に対する教授の反応は何か。
(A) 教授は直ちに延長を承認する。
(B) 教授は延長を拒否する。
(C) 教授は状況に応じて再度検討と言っている。
(D) 教授が学生に、期限はすでに過ぎていることを伝える。

正解：C

🔍 **解説** タイプ4の Attitude（態度問題）です。また、タイプ2の Detail（詳細問題）の要素も入っています。学生の締め切り延長への依頼に対し、教授はどのような態度、反応を見せたかという詳細が聞かれています。[12] I know you were sick, and I would say your request is worth considering. Try to finish it by the deadline first, and if you really think you need more time, please let me know. How about that? この教授の「まずは一度できる限り頑張ってみて、無理そうだったら教えてほしい」という趣旨の発言から、(C) の教授は状況に応じて再度検討する、が最も適切な選択肢であるとわかります。

サンプル問題と解法

53

> **解き方のコツ**
>
> 見方によっては、(A) の延長を承認している可能性も残っていますし、(B) の延長をいったんは拒絶しているとも取れるかもしれません。しかし、(C) の状況次第で再度検討が、より守備範囲が広く、状況を適切に描写しています。(A), (B) に可能性を感じたとしても、TOEFL では、常に「どの選択肢が比較的良いのか」と考えましょう。絶対的に良い選択肢を探すのではなく、比較的良い選択肢を探すのが TOEFL の特徴の一つです。また、こうした態度や意図を問う問題が出ますので、発言内容、言葉だけではなく、声のトーンにも注意ながら聞くようにしましょう。

Q4 What does the professor encourage the student to do before submitting the assignment?

課題提出の前にすべきこととして教授が強く勧めているのは何か。

答えを二つ選びなさい。

Choose TWO answers.

(A) Use diagrams to illustrate things
(B) Confirm the deadline
(C) Get advice from last year's students
(D) Double-check the content

(A) 図を使って説明する
(B) 提出日を確認する
(C) 去年の学生からアドバイスをもらう
(D) 提出物を再度確認する

正解：A D

🔍 **解説** タイプ6の Connecting Content（内容関連付け問題）です。この問題タイプでは複数の選択肢を選びます。二つ正しく選べて素点1点です。一つだけ合っても点はもらえません。この問題では、教授が勧めていることを二つ選びます。[14] Before you turn in your paper, make sure your paper includes some graphs and charts to support your argument. [16] As usual, don't forget to proofread your paper before you submit it. [14] から (A) の図を使って説明する、[16] から (D) の提出物を再度確認する、が正解であると特定できます。

> **解き方のコツ**
>
> 話の内容そのものへの理解に基づいて正解を選びましょう。(B) の提出日については、提出日を延長してほしいという要望は出ていましたが、これは教授が勧めていることではありません。(C) の去年の学生についても、去年の学生が減点を受けたという話をしていますが、アドバイスをもらうように教授が勧めているわけではありません。これらの選択肢を選んだ方は、「あ、なんか締め切り日について話していた気がする」とか「去年の学生、という言葉が出てたから、これかもしれない」という部分的、局所的な視点で選んでいると思われます。部分に引っ張られず、全体像、話の流れそのもので判断するようにしましょう。

Listening

Q5 Listen again to part of the conversation. Then answer the question.

> **Professor:** While older sources can be useful, you must focus on more recent research, say, within the last five years. Technology advances very quickly, so using old sources is not recommended.

> **Student:** OK, that makes sense.

Why does the student say this?

> **Student:** OK, that makes sense.

(A) He wants to ask further questions.
(B) He understands the definition of the new word.
(C) He wants to thank his teacher.
(D) He is convinced by the advice.

会話の一部をもう一度聞きなさい。それから質問に答えなさい。

教授：古い情報源も役に立ちますが、最近の研究、そうですね、過去5年以内のものに焦点を当てましょう。技術の進歩はとても早いので、古い資料を使うのはお勧めできません。

学生：なるほど、そうですね。

なぜ学生はこう言ったのか。

学生：なるほど、そうですね。

(A) 彼はさらに質問をしたい。
(B) 彼は新しい単語の定義を理解している。
(C) 彼は先生に感謝の念を伝えたい。
(D) 彼はアドバイスに納得した。

正解：D

解説 タイプ7のFunction（機能問題）です。質問の該当部分を再度リスニングし、発言の意図を答えます。今回は、「技術の進歩はとても早いので、古い資料を使うのはお勧めできません」という教授の言葉に対し、学生が OK, that makes sense. と発言しています。make sense は「意味を成す、意味がわかる」というのが原意ですが、この状況では、教授の言っていることが理解できた、と取るのが自然でしょう。(D) の彼はアドバイスに納得した、が正解となります。

解き方のコツ

情景を想像するようにしましょう。また言葉だけではなく、声のトーンも併せて聞くようにしましょう。このタイプの問題では、口語性が強い表現、イディオムなども多く使用されます。その表現の意味を知っているから答えられる、というよりも、状況や声のトーンから、こういう意図で発言しているのでは?と考えさせる問題です。ですので、状況判断、声からの判断も踏まえて、正解を選びましょう。

サンプル問題と解法

Lecture 🔊 7-13

Q1 What is the main purpose of the lecture?

(A) To explain how prehistoric humans lived in caves

(B) To describe one form of communication ancient people used

(C) To compare different types of ancient civilizations

(D) To introduce a cave painting found in the Lascaux Cave

Q2 According to the lecture, what is depicted in the Lascaux Cave?

(A) The lifestyle of prehistoric people in France

(B) Communication techniques used among people

(C) Large animals that ancient people hunted

(D) Images of gods or spiritual entities

Listening

Q3 How does the professor organize the class?

(A) By having students draw a picture

(B) By using several textbooks

(C) By showing the paintings he drew

(D) By using presentation slides

Q4 What are the reasons why prehistoric people painted in deep, dark caves that were difficult to reach?

Choose TWO answers.

(A) They wanted to keep the paintings safe.

(B) They were trying to make the caves their home.

(C) They depicted animals living around the caves.

(D) They tried to connect with the spiritual world.

Q5 What can be inferred if three animals were depicted in an overlapping way?

(A) The three animals were the most influential animals to the people of the time.

(B) The people who painted them worshiped three different religions.

(C) The images were painted by at least three different generations.

(D) The drawing is a group work painted over a period of more than 3,000 years.

Q6 What is the professor's attitude toward the statement "cave paintings were a form of communication"?

(A) He agrees with the statement without any doubt.

(B) He takes a neutral position and shows no preference.

(C) He gives clear reasons to deny the opinion.

(D) He believes that each person has his/her own answer.

Listen to part of a lecture in an anthropology class.

[1] **Professor:** Let's start today's class by thinking about... communication. [2] What are some of the first things that come to mind when I say "communication"?

[3] **Student:** Talking? Maybe writing?

[4] **Professor:** Exactly. Those are two of the most common forms of communication for us humans. [5] But have you ever thought about how ancient civilizations communicated, especially before they developed writing systems? [6] What if I told you that some of the earliest human communication involved cave paintings? [7] Yes, those drawings we find on cave walls, they're not just art. [8] They're an early form of storytelling and communication. [9] Prehistoric humans used cave paintings to communicate. [10] Let's start with the Lascaux Cave in France. [11] In the Lascaux Cave, there is one of the most famous prehistoric paintings in the world. [12] The picture shown on this slide is the painting in the Lascaux Cave. [13] Well, the Lascaux Cave is known for its depictions of large animals like horses, deer, and bison. [14] But why did prehistoric people paint these animals?

[15] **Student:** Maybe to show what they hunted?

[16] **Professor:** That's one possibility, yes. [17] Many scholars believe that the paintings were related to hunting, possibly even to improve success in hunting. [18] According to this hypothesis, the cave art served as a textbook. [19] But that's not the only theory out there. [20] Other researchers think the paintings were a way of recording events, sort of like a prehistoric diary. [21] Let's imagine... after a successful

---

人類学の授業の一部を聞きなさい。

[1] **教授:** 今日の授業は…コミュニケーションについて考えることから始めましょう。[2] 私が「コミュニケーション」と言ったとき、最初に思い浮かぶものは何でしょうか。

[3] **学生:** 話すこと? 書くことでしょうか。

[4] **教授:** その通りです。その二つは、私たち人間にとって最も一般的なコミュニケーションの形ですね。[5] しかし、古代文明の人々が、特に文字が発明される前、どのようにコミュニケーションを取っていたか考えたことはありますか。[6] もし私が、洞窟壁画も人類最古のコミュニケーションのうちの一つだと言ったらどうでしょう? [7] そう、洞窟の壁に描かれた絵は、ただのアートではないのです。[8] それらは、物語を語る太古の手法、コミュニケーションの初期の形なのです。[9] 先史時代の人類は洞窟壁画を使ってコミュニケーションを取っていたのです。[10] フランスのラスコー洞窟をまず見てみましょう。[11] ラスコー洞窟には、世界で最も有名な先史時代の壁画の一つがあります。[12] このスライドの写真は、ラスコー洞窟にある絵のものです。[13] さて、ラスコー洞窟は馬、鹿、バイソンなどの大型動物が描かれていることで知られています。[14] しかし、なぜ先史時代の人々はこれらの動物を描いたのでしょうか。

[15] **学生:** 何を狩ったかを示すためでしょうか。

[16] **教授:** そうかもしれませんね。[17] 多くの学者は、これらの絵画が狩猟に関係しており、狩猟の成功率を高めるためにも使われていたのかもしれないと考えています。[18] 壁画が教科書として使われていたという説です。[19] しかし、世に出回っている説はそれだけではありません。[20] 他の研究者たちは、絵画は出来事を記録する方法であり、先史時代の日記のようなものだと考えます。[21] 想像してみよう…狩りに成功した

hunt, a group of people might return to the cave and paint the animals they hunted. [22] This could serve as a record of the event for others to see, even for generations to come. [23] In this way, the paintings might have been used to communicate important information to other members of the group or future generations. [24] Now, here's an interesting question—why were these paintings often found deep inside caves, in places that were hard to reach?

[25] **Student:** Maybe they wanted to keep them safe?

[26] **Professor:** That's a good point, and it's actually right. [27] Also, some researchers believe that these hidden locations were chosen because the act of painting itself was a religious activity. [28] By painting in deep, dark caves, far from the everyday world, prehistoric people might have been trying to connect with the spiritual world. [29] So, cave paintings could have been part of communication between people and gods, or… some kind of spiritual entity. [30] In fact, most of these caves were not living spaces. [31] People didn't live inside the caves where the paintings were found. [32] They went there specifically to create the paintings. [33] Now… let's move on and… here, OK… let's take a look at this next picture on the slide. [34] What's interesting in this drawing is the level of detail. [35] The artists didn't just draw simple outlines of animals. [36] They used shading effectively to make the animals look three-dimensional. [37] It's quite sophisticated for a time when there were no formal art schools, don't you think? [38] And here's another fascinating detail—some of the paintings overlap. [39] One animal was drawn on top of another animal. [40] That means different generations of people might have added images

後、グループメンバーが洞窟に戻り、狩った動物の絵を描きます。[22] これは、何世代にもわたって、人々が見ることができる、イベントの記録として役立つでしょう。[23] このように、絵はグループの他のメンバーや将来の世代に重要な情報を伝えるために使われたのかもしれないのです。[24] さて、ここで興味深い疑問があります——なぜこれらの絵画は洞窟の奥深く、アクセスしづらい場所で発見されることが多かったのでしょうか。

[25] **学生：**絵を安全な状態にしておきたかったのでは？

[26] **教授：**いい回答ですし、実際にその通りです。[27] また、一部の研究者によると、絵を描くという行為自体が宗教的な行為と考えられていたので、このような隠れた場所が選ばれたということです。[28] 先史時代の人々は、日常世界から遠く離れた深くて暗い洞窟で絵を描くことで、精神世界とつながろうとしていたのかもしれません。[29] つまり、洞窟壁画は人々と神々、あるいは…何らかの霊的な存在とのコミュニケーションの一部であった可能性があるのです。[30] 実際、こうした洞窟のほとんどは居住空間ではありませんでした。[31] 人々は絵が発見された洞窟の中に住んでいなかったのです。[32] 絵画を制作する目的で、わざわざそこに行ったのです。[33] さて…話を進めて…ここで、はい…スライドの次の写真を見てみましょう。[34] この絵で興味深いのは、ディテールの細かさです。[35] これを描いた人たちは、ただシンプルな動物の輪郭を描いたわけではありません。[36] 動物が立体的に見えるように、陰影を効果的に使っています。[37] フォーマルな美術学校がなかった時代にしては、かなり洗練されていると思いませんか。[38] そして、ここにもう一つ魅力的なディテールがあります——いくつかの絵は重なっているのです。[39] ある動物が別の動物の上に描かれています。[40] つまり、異なる世代の人々が何世代にもわたっ

to the same wall over time. [41] Imagine that—a prehistoric community adding layers to a shared canvas over hundreds or even thousands of years.

[42] **Student:** Wow, that's like a long-term group project.

[43] **Professor:** Exactly! It's a form of communication that spanned generations.

[44] And speaking of time, some of these cave paintings are estimated to be over 17,000 years old. [45] That's before any written language existed, which really highlights how important visual communication was back then.

て同じ壁に絵を描き加えた可能性があるということです。[41] 想像してみてください、先史時代のコミュニティーが、何百年、何千年という時間をかけて、同じキャンバスに何層もの絵を描き足していったのです。

[42] **学生:**わあ、長期的なグループプロジェクトみたいですね。

[43] **教授:**その通りです！ 何世代にもわたるコミュニケーションの形なのです。[44] そして、年代について言えば、これらの洞窟壁画の中には、1万7000年以上前のものと推定されているものもあります。[45] それは、文字が存在する以前の時代で、当時の視覚的コミュニケーションがいかに重要であったかを如実に物語っています。

Listening

Q1 What is the main purpose of the lecture?

(A) To explain how prehistoric humans lived in caves

(B) To describe one form of communication ancient people used

(C) To compare different types of ancient civilizations

(D) To introduce a cave painting found in the Lascaux Cave

講義の主な目的は何か。

(A) 先史時代の人類がどのように洞窟で生活していたかを説明するため

(B) 古代人が使ったコミュニケーションの一つの形について説明するため

(C) 異なるタイプの古代文明を比較するため

(D) ラスコー洞窟で発見された洞窟壁画を紹介するため

正解：B

🔍 **解説** タイプ1の Gist（趣旨問題）です。講義全体を通じて、洞窟の壁画は先史時代の人々にどういう意味があるものだったのか、いくつかの仮説や考察を交えながら解説していき、コミュニケーションの一つであったことを説明しています。よって (B) が正解。(D) のラスコー洞窟で発見された洞窟壁画の紹介はありますが、「こういう壁画がありますよ」と壁画を紹介することを主たる目的とした講義ではありません。あくまで、洞窟の絵がいかにコミュニケーションの形として使われていたのかを説明することが主たる目的です。そのためにラスコー洞窟の壁画が取り上げられたのであり、やはり正解は (B) となります。

解き方のコツ

全体像を問うこのタイプの問題では、部分的に言及があった選択肢、今回でいうと (D) の選択肢を見て、この話をしていたから正解だろう、と安易に飛びつかないようにしましょう。何の話が出てきたかという問題ではなく、講義の主たる目的は何だったのかという問題です。大局的に見て、教授の立場になって講義のテーマを考えてみると、正解がより見えてきやすくなります。

Q2 According to the lecture, what is depicted in the Lascaux Cave?

(A) The lifestyle of prehistoric people in France

(B) Communication techniques used among people

(C) Large animals that ancient people hunted

(D) Images of gods or spiritual entities

講義によると、ラスコー洞窟には何が描かれているか。

(A) フランスの先史時代の人々の生活様式

(B) 人々の間で使われていたコミュニケーション技術

(C) 古代人が狩猟した大型の動物

(D) 神々や霊的な存在のイメージ

正解：C

サンプル問題と解法

解説 タイプ2の Detail（詳細問題）です。[13] Well, the Lascaux Cave is known for its depictions of large animals like horses, deer, and bison.（さて、ラスコー洞窟は馬、鹿、バイソンなどの大型動物が描かれていることで知られています）との説明が講義の中であり、この情報から (C) 古代人が狩猟した大型の動物、が正解だと特定できます。(A) のフランス、(B) のコミュニケーション、(D) 神々、という言葉は、単語レベルでは実際に出てきますが、「あ、この単語が出てきた気がする」とか、「何となくフランスの話をしていた」という具合に、部分的な情報や聞こえた単語に引っ張られないように気を付けましょう。

┌─ **解き方のコツ** ─────────────────────────────────

この問題に限った話ではありませんが、TOEFL のリスニングでは、大事な部分を聞き逃しても、同じようなことや解答のヒントとなることを後で繰り返して言ってくれることがあります。例えば今回の問題は、[14] But why did prehistoric people paint these animals? や [17] Many scholars believe that the paintings were related to hunting, possibly even to improve success in hunting. の部分でも、動物の絵が描かれていることが示唆されています。このようなことは時々あるので、前半で聞き逃した箇所が出てきても、最後まで諦めずに聞きましょう。何問かは解答のヒントに出合える問題が出てくるはずです。

└───

Q3 How does the professor organize the class?

(A) By having students draw a picture
(B) By using several textbooks
(C) By showing the paintings he drew
(D) By using presentation slides

教授はどのように授業を構成しているか。
(A) 学生に絵を描かせることで
(B) 複数の教科書を使うことで
(C) 教授が描いた絵を見せることで
(D) スライドを使うことで

正解：D

解説 タイプ5の Organization（構成問題）です。最頻出とまではいきませんが、時々出てくる問題タイプです。[12] This picture shown on the slide is the painting in the Lascaux Cave. の部分と、[33] Now... let's move on and... here, OK... let's take a look at this next picture on the slide. の部分で、slide という正解を特定できる言葉が使われています。スライドの写真を学生に見せて説明している様子がわかり、(D) が正解となります。

┌─ **解き方のコツ** ─────────────────────────────────

情景、イメージは常に頭に描きながらリスニングをします。これは TOEFL 受験の基本です。このような聞き方をしていると、自分があたかもこの教授の講義を受けているかのような頭になります。少なくともその方向性に自分を持っていこうとしてみましょう。教授が、「このスライドの写真は、ラスコー洞窟にある絵のものです」「さて…話を進めて…こ

Listening

サンプル問題と解法

こで、はい…スライドの次の写真を見てみましょう」と言っているところで、スライドを前に講義を受けている自分がいます。このように聞いていく、このように解いていく、のがTOEFL の望ましい臨み方です（今回のような問題が実際に出ます）。また、先ほどの問題の解き方のコツでも説明があったように、正解のヒントとなる箇所が複数回登場することがあるので、最後まで諦めずに集中して聞きましょう。

Q4 What are the reasons why prehistoric people painted in deep, dark caves that were difficult to reach?

Choose TWO answers.

(A) They wanted to keep the paintings safe.

(B) They were trying to make the caves their home.

(C) They depicted animals living around the caves.

(D) They tried to connect with the spiritual world.

先史時代の人々が、アクセスしづらい、深くて暗い洞窟で絵を描いていたのはなぜか。

答えを二つ選びなさい。

(A) 絵を安全に保存したかったから。

(B) 洞窟をすみかにしようとていたから。

(C) 洞窟の周りに住む動物を描いていたから。

(D) 精神世界とつながろうとしていたから。

正解：A D

解説 タイプ6の Connecting Content（内容関連付け問題）です。壁画が見つかっている洞窟はなぜたどり着きにくい場所にあるのか、その答えを二つ選びます。[25] Maybe they wanted to keep them safe? [26] That's a good point, and it's actually right. の部分から (A) が正解の一つとわかります。また、[28] By painting in deep, dark caves, far from the everyday world, prehistoric people might have been trying to connect with the spiritual world. の部分から、(D) が正解であると特定できます。(B) は逆で、人々は洞窟には住んでいなかったと説明されていました。すみかにしようとしていたという説明もなく、不正解です。(C) についても一切言及はありませんでした。

解き方のコツ

このタイプの複数選択肢を選ばせる問題（まれに出る表問題も含む）では、さっと出た短い表現や詳細な情報を聞き取れていないと判断できないことが多々あります。このような問題では口パクのシャドーイングで言われている内容を追っていくことができれば、ディテールも記憶に残りやすくなります。入門の段階でシャドーイングは無理、という場合でも、シャドーイング自体がリスニング力を底上げしてくれるので、何回か同じ音声を聞いてはシャドーイングしてみる、という練習は有効です。

63

Q5 What can be inferred if three animals were depicted in an overlapping way?

 (A) The three animals were the most influential animals to the people of the time.

 (B) The people who painted them worshiped three different religions.

 (C) The images were painted by at least three different generations.

 (D) The drawing is a group work painted over a period of more than 3,000 years.

もし3頭の動物がオーバーラップして描かれていた場合、何が推測されるか。

(A) その3頭は、当時の人々に最も影響が大きかった動物である。

(B) その絵を描いた人たちは、三つの異なる宗教を信仰していた。

(C) その絵は、少なくとも異なる3世代によって描かれたものである。

(D) その壁画は3000年以上の時間をかけて描かれたグループワークである。

正解：C

解説 タイプ3の Inference（推測問題）です。今回は特に難易度が高めの推測問題です。講義では、[39] One animal was drawn on top of another animal. および [40] That means different generations of people might have added images to the same wall over time. で、ある動物が別の動物の上に描かれているというのは、異なる世代の人々が何世代にもわたって同じ壁に絵を描き加えた可能性がある、と説明されています。この情報を基に『推測』すると、3頭の動物がオーバーラップして描かれていた場合、三つの異なる世代の人々が同じ壁に絵を描いたのだという論理的な推測が成り立ちます。これはあくまで推測で、絶対にそうだと断言されるわけではありませんが、「何が推測されるか」という推測問題に対しては、この (C) が正解となります。

解き方のコツ

推測問題では、理解を基に『思考』して答えを導きます。推測問題なので、講義の中では直接的な言及はされていないが、何が想像できるか、という問題なわけです。そういう話自体はなかった（今回で言うと、3頭の動物が重なって描かれているという話自体はなかった）としても幾分の飛躍を見せる推測問題が TOEFL では出題されます。「そんな話はなかった!」ではなく、聞いた内容の理解を基に推測するならば、どれが一番あり得るだろうかと思考してみてください。

Listening

Q6 What is the professor's attitude toward the statement "cave paintings were a form of communication"?

(A) He agrees with the statement without any doubt.

(B) He takes a neutral position and shows no preference.

(C) He gives clear reasons to deny the opinion.

(D) He believes that each person has his/her own answer.

洞窟壁画はコミュニケーションの一つの形だった、という意見に対して、教授はどのような態度を取っているか。

(A) 彼は一切の疑念なくその意見に賛成する。

(B) 彼は中立的な立場を取り肯定も否定もしない。

(C) 彼は明確な理由を示してその意見に反対する。

(D) 彼は、判断は人によって分かれると思っている。

サンプル問題と解法

正解：A

解説 タイプ4のAttitude（態度問題）です。また、タイプ1のGist（趣旨問題）、タイプ3のInference（推測問題）の要素も入っているといえます。教授は、講義全体を通じて、洞窟の壁画はコミュニケーションの一つの形だ、という大きな視点で話を展開し続けています。いずれかの1文を取って、ということではなく、講義全体の内容に基づいて判断すると (A) が正解となります。

解き方のコツ

without any doubt（一切の疑念なく）というのは言いすぎではないのかと感じて選択肢 (A) を切ってしまった方がいらっしゃるかもしれません。確かに、never, always, the best, the worst, all のような極端な単語が入った選択肢は誤答である場合が多い、というテストもあるのかもしれません。しかし TOEFL では、このような強い表現が入っている選択肢でも、意味さえ大枠で合っていれば正解になり得ます。強い言葉、極端な単語が入っているから切る、という判断は、TOEFL では絶対にしないようにしましょう。

65

「リスニングが聞き取れません」という状況からの脱却

　TOEFL のリスニングのレベルというのは、実際にアメリカやカナダを含む北米の高等教育機関（多くの場合、大学）で、学生生活を送る、授業を受ける、というレベル感を想定して作られています。そのため、会話のスピードや講義のスピードも、ある程度、実践を想定した速い速度で流れる設定になっています。

　また、専門性が高い講義も出てきますので、特に入門の場合には「何を言っているかほとんどわからない」といった状況が発生し得ます。だからといって、「じゃあ、未来を諦めよう」ということにはならず、その中で、どう始めていけばいいのか、どう成長していけばいいのか、を考えなければいけないわけです。

　では、言っていることがわからないという状況から、どのように、練習をしていけばいいのでしょうか。

　練習方法の一つとしては、まずは「単語力」を上げていきましょう。単語に制限があると、どうしても、「聞いてわからない」というよりは「単語を知らないからわかりようがない」という状況が発生します。ですので、リスニング力を根本的に上げていく大きな要素の一つは、単語力になります。

　単語力と併せて、「文章を聞き取れる力」を上げていく必要もあります。これは、音に反応し、聞いた音を文章として理解するリスニング力そのものを上げていく、ということです。

　特に最初の頃は、「スピードが速い中で構造理解が追いつかない」「音のつながりが聞き取れない」「弱く発音されている音が聞き取れない」など、さまざまな理由で「聞いた文章の意味がわからない」ということが発生します。これは仕方のないことです。

　ただ、それで諦めるということにはなりません。

　まずは、スクリプトの音読から始めましょう。リスニングのスクリプトの文字を読んでいきましょう。読む中で、専門的な情報を処理していく経験、音とのつながりを理解していく経験、さまざまな文章の形に慣れていくという経験、などさまざまな経験を積むことができます。

　母国語の日本語でさえ、音読をさせられたはずです。母国語でさえそうなのです。それは音読というのが、言語学習において、極めて有効性が高いからです。第2言語である英語、そしてそれを TOEFL のレベルで挑もうとするのであれば、音読という作業は必須だと思ってください。音読をしているうちに、理解できる範囲は必ず増えてきます。

　それに単語力が併せて伸びてくると、聞いて理解できる範囲は必ず増えてきます。その一歩一歩を着実に進んでいくために音読をしましょう。

　さらに一歩先を目指したい場合、音読の次にすべきことは「シャドーイング」になります。シャドーイングとは、流れた音声に続いて即時発音していく練習方法です。最初からシャドーイングは難しいと思いますので、音読から入ってください。音読で発音することに慣れてきたら、シャドーイングのステップに入っていきましょう。

　MP3 などの音声を 0.7 倍速程度で再生すると、入門レベルであってもシャドーイングがしやすくなるはずです。適切なスピードコントロールをしながら、シャドーイングの練習をしていくことによって、音のつながり、弱い音、消える音、などにも慣れることができます。

　すなわち、実践レベルでのリスニング力というのが高まってくるということです。

Speaking

TOEFL スピーキングセクションでは、4問出題されます。

Task 1: Independent（自分の意見を述べる）
Speaking のみ。15秒で準備して45秒で話す。

Task 2: Integrated（会話の要約）
Reading → Listening → Speaking。30秒で準備して60秒で話す。

Task 3: Integrated（講義の要約）
Reading → Listening → Speaking。30秒で準備して60秒で話す。

Task 4: Integrated（講義の要約）
Listening → Speaking。20秒で準備して60秒で話す。

　採点は約半分が人間の採点員、半分が AI で行われ、総合的に0点から30点の幅で採点されます。採点基準は公開されていませんが、最も大事な要素としては fluency（流暢さ）と speed（速さ）があり、続いて contents（内容）そして language use（語彙、文法の精度やバリエーション）が勘案されます。もちろん発音やバランス（二つの要素のうち一つはたくさんしゃべり、もう一つは貧弱になっていないか）など、さまざまな観点から採点されているため、大事ではない要素はありません。しかし、fluency（流暢さ）と speed（速さ）がスコアに与える影響が最も大きいのは明白です。したがって、練習としては、発音を鍛えるよりも、まずは滑らかさとスピードの向上を優先させましょう。単語数が目標を超えるようになったら、発音、文法の精度を上げていく、という順番で進めていくことを強くお勧めします。

メモについて

　これまでのリーディング、リスニングセクションとは違い、適切なメモを取ることが求められます。Task 1では3項目から5項目、Task 2から4では10項目から15項目程度が推奨です。（1項目当たり1語から3語が目安）。それぞれのタスクで、サンプル解答とともにメモのサンプルも掲げますので、どの程度メモを取るべきかの参考にしてください。

　基本的に、メモは上から下に書いていきましょう。横に伸ばしたり、マインドマップのように広げたりしないようにしましょう。上から下の方が、整理しながら話しやすくなります。リスニングを優先し、理解を得ることに重きを置きつつ、思い出すためのヒントとなる単語をメモしていきます。business → biz や、not, no → X のように省略したり記号を使ったりして時間を節約しましょう。

　では、各タスクの詳細な内容や注意点、サンプルなどを順々に見ていきましょう。

▶ Task 1　自分の意見を述べる

　この問題は、自分の意見を英語で述べる問題です。スクリーン上に書かれている短い英文が1度だけ読み上げられます。その後、15秒間の準備時間が与えられ、45秒間でマイクに向かって話し、その解答が録音されます。準備時間にメモを取ることは許されており、メモを見て話すこともできます。話している間はタイマーが表示されているので、ペースを考えながら話すことができます。制限時間が来ると、録音は自動的に止まります。時間延長ややり直しは認められません。ある考え方に賛成か反対か、A案とB案のどちらが望ましいか、などの2択問題が主流です（まれに3択になることもあります）。

入門者へのアドバイス

　とにかくシンプルに、最低限必要な要素を言える範囲で話しましょう。45秒間の制限時間で、60語程度話すことを目指します。構成は、「選ぶ→理由一つ→事例一つ→着地」、という形に決め打ちします。文法や発音は、完璧を目指しても間違ってしまうものなので、注意できる範囲にとどめ、とにかく発話を完全にストップしないことを最重要課題としましょう。

中級者へのアドバイス

　45秒間の制限時間で、70語から80語程度でシンプルに話すことを目指しましょう。構成は、「選ぶ→理由一つ→事例一つ→着地」、という形に決め打ちします。文法は、三単現の s 忘れ、単複不一致、過去の話を現在形でしてしまう、などの頻出エラー項目に限り徹底し、あとは注意できる範囲にとどめます。シンプルな内容で大丈夫ですので、とにかく発話を前に進めてください。発音は、指導者に繰り返し指摘を受ける項目は直しますが、すべてを完璧にしようとこだわる必要はありません。

Speaking

サンプル問題　🔊 14

Some people prefer to chat with someone while eating, while others prefer to eat silently. Which do you prefer? Why?

Preparation Time: 15 seconds
Response Time: 45 seconds

食事中に誰かと会話することを好む人もいれば、静かに食べることを好む人もいます。あなたはどちらを好みますか。またなぜですか。

サンプル解答　80点ターゲット　🔊 15

I prefer to eat silently. The reason is that I want to enjoy the meal. If I'm alone, I can focus on the meal. On the other hand, if I'm chatting, I can't enjoy the meal. For example, I sometimes have business lunches. I often eat with my boss. We always talk about business while eating. I can't really enjoy the lunch. This is not what I want to continue experiencing in the future. This is the reason for my preference.
（81語）

私は静かに食事をする方が好きです。その理由は、食事を楽しみたいからです。1人でいると、食事に集中できます。しかし、会話をしていると、食事を楽しむことができません。例えば、時々ビジネスランチがあります。上司とよく一緒に食事をします。食べながらいつも仕事の話をしています。ランチを本当に楽しむことができません。これを今後も続けたいとは思いません。これが私の好みの理由です。

メモ

> silently
> enjoy meal
> e.g. biz lunch
> talk biz
> can't enjoy

サンプル問題と解法

サンプル解答の分析

このサンプル解答は、TOEFL対策を開始したてで、あまり滑らかに英語が話せない状況でも、手堅く80点あたり（スピーキングで16点から20点）を取るためのサンプルです。この解答は81語で構成されています。16点から20点を取るには十分な単語数といえます。参考までに、23点を取る人は傾向として90語ほど話しています。

内容もシンプルです。TOEFLでは、深い解答や鋭い解答が求められているわけではありませんので、このサンプルのように、シンプルにわかりやすく解答することが最善策といえます。

1. I prefer to eat silently.（私は静かに食事をする方が好きです）
   どちらが望ましいか決めます。

2. The reason is that I want to enjoy the meal.（その理由は、食事を楽しみたいからです）
   そう思う理由を簡潔に述べます。

3. If I'm alone, I can focus on the meal.（1人でいると、食事に集中できます）
   もし〜だったら、と短く説明します。

4. On the other hand, if I'm chatting, I can't enjoy the meal.（しかし、会話をしていると、食事を楽しむことができません）
   逆にもし〜だったら、と切り返します。

5. For example, I sometimes have business lunches.（例えば、時々ビジネスランチがあります）
   例を持ち出します。

6. I often eat with my boss.（上司とよく一緒に食事をします）
   例の内容を短く続けます。

7. We always talk about business while eating.（食べながらいつも仕事の話をしています）
   もう少し例を続けます。

8. I can't really enjoy the lunch.（ランチを本当に楽しむことができません）
   4で言ったことを繰り返します。

9. This is not what I want to continue experiencing in the future.（これを今後も続けたいとは思いません）
   テンプレート表現を置きます。

10. This is the reason for my preference.（これが私の好みの理由です）
    最後もテンプレート表現を置きます。

このサンプル解答をよく観察してみてください。このように話せばいい、というヒントが見えてくるはずです。観察してみると、徹底して文を短くシンプルにしています。接続

Speaking

詞を使って1文にまとめられそうなところでも、あえて接続していません。関係代名詞や副詞句などを使って文を長くしていく要素も最小限に抑えています。

　TOEFL スピーキングの最初の問題は、あなたの意見を問う問題ですが、「賛成か反対か」「A案とB案のどちらが好ましいか」というように、2択の問題となっています（ごくまれに3択問題が出る可能性もありますが、ここ数年を見る限りかなりまれですので、現行では2択問題と想定していいでしょう）。それぞれのパターンで、典型的に使えるテンプレートを提示しますので、これを基盤に練習してみてください。

※テンプレートの使い方には注意が必要です。後述の注意事項を必ず守ってお使いください。

「賛成か反対か」タイプの問題へのテンプレート

パターン1

I agree with the idea that _____.
The main reason is that _____.
If you choose to _____, you can _____.
On the other hand, if you don't choose to _____, you can't really _____.
For example, when I was a high school student, I _____.
_____.
So, I personally agree with the opinion that _____.

［テンプレート部分47語］

パターン2

I think it is a good idea that _____.
This is because _____.
By –ing, it becomes easier for you to _____.
This means that you can _____.
For example, when I was _____.
_____.
As shown in this example, it is clear that _____.

［テンプレート部分38語］

パターン3

We should definitely _____.
The reason for this is that _____.
Let's say _____.
In such a situation, _____.
As a matter of fact, when I was _____.
From this experience, I learned that _____.

［テンプレート部分29語］

サンプル問題と解法

71

「A案とB案のどちらが好ましいか」タイプの問題へのテンプレート

パターン4

Between these two choices, I prefer to _____.

The main reason is that _____.

If you choose to _____, you can _____.

On the other hand, if you don't choose to _____, you can't really _____.

For example, when I was a high school student, I _____.

_____.

So, I personally prefer to _____.

[テンプレート部分45語]

パターン5

Given the two choices, I prefer to _____.

The primary reason is that _____.

By –ing, it becomes much easier to _____.

What this means is that _____.

For instance, when I was _____.

_____.

As seen in this example, it is obvious that _____.

[テンプレート部分38語]

パターン6

In my opinion, _____ is preferable.

The reason for my preference is that _____.

Imagine a situation where _____.

In such a situation, _____.

When I was _____.

What I learned from experience is that _____.

[テンプレート部分31語]

▐ テンプレートの上手な使い方と危険な使い方

　まず大前提として、テンプレート（ひな型）は、どんな問題にも完全対応できる万能薬、というわけではなく、多くの問題に無難に対応できる原型だと思ってください。絶対にこのまま一字一句変えずに使うということではなく、問題に合わせて使えるところを使っていく、ということです。特に入門レベル、初中級レベルである場合は、英語で思っていることを話せと言われても、英語で滑らかに話すことがなかなか難しい、という状況が多

Speaking

く見られます。だからといって無言で止まってしまうと点数は出ません。言えることをどんどん話していくという姿勢が必要です。しかし「その言えることが少ないんです!」というお悩みは出てくるものです。それを大きく改善してくれるのがテンプレートです。テンプレートの使える範囲を使って、問題にチャレンジしてみましょう!

なお、テンプレート部分は大きすぎない方が望ましいです。そういう意味では、「賛成か反対か」タイプの問題へのテンプレートでは、1より2、2より3が望ましく、「A案とB案のどちらが好ましいか」タイプの問題へのテンプレートでは、4より5、5より6が望ましいといえます。また、それぞれのテンプレートから、枝葉の修飾要素を切り落としてスリム化すればするほど望ましくなります。

また、注意ですが、テンプレートは「活用」しましょう。「依存」してはいけません。テンプレートは、話せる英文の数を効率的に増やしてくれる導火線のようなものです。入り口のきっかけはくれますが、テンプレートを覚えたからといって英語があれこれ流暢に話せるようになるわけではありません。あれこれ流暢に話せるようになるために、うまく活用するのがテンプレートです。右も左もわからない状態なら、手も足もなかなか出せないなら、最初は形があった方が始めやすいものです。TOEFL スピーキング対策も、上記のテンプレートをうまく活用しながら、効率的に練習を始めていきましょう!

☑ **参考資料**

サンプル解答では、80点を目標とする場合のものを掲載していますが、60点、80点、100点とターゲットスコア別にサンプル解答を記載します。見比べて、それぞれの目標点に合わせて参考にしてください。自分の目標点に合ったサンプルを基に練習することが大事です。

サンプル解答 　**60点ターゲット**

I prefer to eat alone. I want to enjoy the meal. If I'm alone, I can focus on the meal. On the other hand, if I'm chatting, I can't enjoy the meal. For example, I have business lunches. I often eat with my boss. I can't enjoy the lunch. This is the reason for my preference.
(56語)

1人で食べる方が好きです。食事を楽しみたいのです。1人なら食事に集中できます。逆に、おしゃべりをしていたら、食事を楽しめません。例えば、ビジネスランチをすることがあります。上司と一緒に食べることが多いです。そうなると食事が楽しめません。これが私の好みの理由です。

サンプル解答　80点ターゲット

I prefer to eat silently. The reason is that I want to enjoy the meal. If I'm alone, I can focus on the meal. On the other hand, if I'm chatting, I can't enjoy the meal. For example, I sometimes have business lunches. I often eat with my boss. We always talk about business while eating. I can't really enjoy the lunch. This is not what I want to continue experiencing in the future. This is the reason for my preference.
（81語）

私は静かに食事をする方が好きです。その理由は、食事を楽しみたいからです。1人でいると、食事に集中できます。しかし、会話をしていると、食事を楽しむことができません。例えば、時々ビジネスランチがあります。上司とよく一緒に食事をします。食べながらいつも仕事の話をしています。ランチを本当に楽しむことができません。これを今後も続けたいとは思いません。これが私の好みの理由です。

※69ページの「サンプル解答（80点ターゲット）」と同じ内容です。60点ターゲットおよび100点ターゲットとの比較のため再掲しています。

サンプル解答　100点ターゲット

I love eating. I'm happy when I'm eating something delicious. If I were to choose from the two options, I would definitely choose to eat alone, silently. The reason is that I want to enjoy the meal. If I'm alone, I can focus on the meal. I can enjoy the taste of the dishes. For example, I sometimes have business lunches. Whether I wish to or not, I eat with my boss. We always talk about business while eating, and I can't really enjoy the lunch. This is not what I want to continue experiencing in the future. This is the reason for my preference.
（104語）

私は食べることが大好きです。おいしいものを食べているときは幸せです。この二つの選択肢から選ぶとしたら、私は断然、1人で黙々と食べる方を選びます。理由は、食事を楽しみたいからです。1人なら食事に集中することができます。料理の味も楽しめます。例えば、私はビジネスランチをすることがあります。いやが応でも上司と一緒に食事をします。食事中はいつも仕事の話をするため、食事を本当に楽しむことができません。これは私が将来経験し続けたいことではありません。これが私の好みの理由です。

▌他にも出題が予想される類似問題

　実際に過去に出題されている問題を参考に類問を作成しました。トピックやパターンは本質的には本番に極めて近いものです。アイデア出しの練習、説明や例を挙げる練習に使用しましょう。また、テンプレートを適切に調整しながら使う練習にも使えます。

Speaking

サンプル問題と解法

Should students be required to wear uniforms in school or allowed to choose their own clothing? Which do you support?（学校での制服着用を義務づけるべきですか、それとも服装の自由を認めるべきですか。どちらを支持しますか）

Should students be allowed to use smartphones in class or should they be banned?（授業中のスマートフォンの使用を許可すべきですか、禁止すべきですか）

Is it more important for a leader to have presentation skills or to have technical knowledge?（リーダーにとって重要なのは、プレゼンテーション能力ですか、技術的知識ですか）

Do you prefer to specialize in one area or to have a broad range of knowledge?（ある分野に特化することと、幅広い知識を持つことのどちらを好みますか）

It is important to always be kind to others. Do you agree or disagree?（常に他人に親切であることが重要です。賛成ですか、反対ですか）

Young kids should not participate in any adventurous activities that adults do. Do you agree or disagree?（小さな子どもは、大人がするような冒険的な活動に参加すべきではありません。賛成ですか、反対ですか）

Do you prefer to have a few close friends or a large circle of acquaintances?（親しい友人が数人いるのと、知り合いが大勢いるのとでは、どちらが好きですか）

If you can choose a working style, is it better for you to have a fixed work schedule or flexible hours?（働き方を選べるとしたら、固定された勤務体系とフレックスタイム制のどちらがよいですか）

You are registered for two workshops, one about musical instruments and the other about making presentations. However, you are busy and you have to cancel one of them. Which one would you cancel and why?（あなたは、楽器とプレゼンテーションの二つのワークショップに申し込んでいます。しかし、忙しくてどちらかをキャンセルしなければなりません。あなたならどちらをキャンセルしますか。またなぜですか）

Is it better to live in a relatively expensive apartment in the city center or a relatively lower-priced house in the suburbs?（市内中心部の比較的高価なアパートに住むのと、郊外の比較的低価格の家に住むのとでは、どちらがよいでしょうか）

Some parents give rewards such as money, toys, or food to kids to encourage them to study. Do you think this is a good idea?（子どもに勉強をさせるために、お金やおもちゃ、食べ物などのご褒美を与える親がいます。これは良いアイデアだと思いますか）

Social media has improved communication between people. Do you agree or disagree?（ソーシャルメディアは人々のコミュニケーションを向上させました。あなたは賛成ですか、反対ですか）

75

Is it better to have a diverse group of friends or a small circle of close friends? （多様な友人グループを持つのと、親しい友人の小さな輪を持つのとでは、どちらがよいですか）

Do you agree or disagree that video games can be educational? （ビデオゲームが教育的であるという考えに賛成ですか、反対ですか）

Working remotely is not as efficient as working at the office. Do you agree or disagree? （リモートワークはオフィスで働くほど効率的ではありません。賛成ですか、反対ですか）

Do you prefer to take notes in notebooks or on digital devices? （ノートにメモを取るのと、デジタル機器でメモを取るのとでは、どちらが好きですか）

Do you prefer online shopping or shopping in physical stores? （オンラインショッピングと実店舗でのショッピングのどちらが好きですか）

It is important for parents to provide financial education for their children. Do you agree or disagree? （親が子どもに金融教育を施すことは重要です。賛成ですか、反対ですか）

Should high students be allowed to go home during lunchtime? （高校生は昼休みに帰宅することを許されるべきですか）

Do you prefer a high-paying job with long hours or a lower-paying job with more free time? （長時間労働のある高収入の仕事と、自由な時間のある低収入の仕事では、どちらが好きですか）

Do you prefer to live in a diverse, multicultural neighborhood or a more homogeneous community? （多様で多文化的な地域と、同質的な地域では、どちらに住みたいですか）

Which do you prefer: graduating with only the minimum classes required, or taking additional classes even if they are not required for graduation? （最低限必要な授業だけで卒業するのと、卒業に必要でなくても追加で授業を取るのでは、どちらを選びますか）

A large hospital is planned to be built in your town. Do you agree or disagree with this plan? （あなたの町に大きな病院が建設される予定です。あなたはこの計画に賛成ですか、反対ですか）

A large amusement park is planned to be built in your town. Do you agree or disagree with this plan? （あなたの町に大きな遊園地が建設される予定です。あなたはこの計画に賛成ですか、反対ですか）

Speaking

▶ Task 2　学生同士の会話を要約する

サンプル問題と解法

　この問題は、まず短い文章（学校からの告知、学校への提案など）を50秒間で読んで、それに関する2人の学生の会話を聞き、読んだことと聞いたことを要約して話すという問題です。話し始める前に30秒の準備時間が与えられ、その後60秒間で話します。

　トピックとしては以下の二つがよく見られます。

・学校が新しいルールや計画を学生たちに告知し、2人の学生がそれについて賛否を語る。

・とある学生が学校に提案を行い、その提案について、2人の学生が賛否を語る。

　問題では、女子学生と男子学生が会話をし、そのいずれかが賛成もしくは反対の意見を一方的に述べます。それを要約していくという問題です。

入門者へのアドバイス

　とにかくシンプルに、最低限必要な要素を言える範囲で話しましょう。60秒間の制限時間で、80語程度話すことを目指します。読んだ文章については、要点のみを話します。提案内容とその理由が二つ記述されていますが、理由部分は言わなくても大丈夫です。リスニングで聞いたことは、メモを取り、メモに基づいて要約していきます。聞き取りが十分できず、要約が難しい場合は、予想でもいいので言葉にできることを言葉にしていきましょう。時間が足りず話が途中で終わると大きく減点されるため、文法や発音は気にしすぎず、まずは質より量を優先しましょう。

中級者へのアドバイス

　60秒間の制限時間で、90語から110語程度でシンプルに話すことを目指しましょう（上級者であれば、120語から140語を目指しましょう）。三単現の s、複数形の s、時制（過去のことは過去形で）といった、これらの基本的な文法は押さえつつ、要約を進めていきましょう。すべての文法や発音が正確でなくてはならない、という採点基準があるわけではないので、やはり単語数を優先して、話を前に前に進めていきましょう。多くの場合、コンテンツ不足や要約が途中で終わることによる減点の方が、文法や発音の不正確さに起因する減点よりもはるかに大きくなります。

77

サンプル問題　🔊 16

Read the new policy from the university. You will have 50 seconds to read the article. Begin reading now.

> **Library Quiet Hours**
>
> Starting from next month, the university library will implement a new rule. The entire library will become a silent zone. This means no one is allowed to talk in the library. No phone calls or group study will be allowed. Many students have complained that the sound of phones is disturbing. There have also been complaints about voices being too loud during group discussions.

The woman expresses her opinion about the new policy. Briefly summarize the policy. Then state her opinion and explain the reasons she gives for holding that opinion.

Preparation Time: 30 seconds
Response Time: 60 seconds

Speaking

Read the new policy from the university. You will have 50 seconds to read the article. Begin reading now.

Library Quiet Hours

Starting from next month, the university library will implement a new rule. The entire library will become a silent zone. This means no one is allowed to talk in the library. No phone calls or group study will be allowed. Many students have complained that the sound of phones is disturbing. There have also been complaints about voices being too loud during group discussions.

大学の新しい方針を読みなさい。読む時間は50秒です。それでは読み始めなさい。

図書館の静寂時間

来月から、大学図書館は新しいルールを導入します。図書館全体が静粛エリアとなります。つまり、図書館内での会話は禁止されます。電話もグループ学習も禁止です。多くの学生から、電話の音が気になるという苦情が出ています。また、グループディスカッション中の声が大きすぎるという苦情も寄せられています。

スクリプト

Now listen to a conversation between two students.

M: Hey, did you hear about the new library rule?

F: Yeah. I think it's a good change. We really need silence to focus.

M: But don't you think the rule is a bit too strict?

F: It's not strict at all. Cell phones should not ring in the study area. If each student were more careful about this, we would not need this new rule. Unfortunately, there are many students who don't have common sense.

M: Yeah, the sound of phones really makes it hard to study.

F: Exactly. That's why the school has to make a rule.

M: But don't you think students should be allowed to talk during group work?

F: No, that's not OK, either. No one should disturb other students. I mean, I get annoyed if I can't focus because other people are talking loudly.

M: I see your point... But there are actually assignments that require group work.

2人の学生の会話を聞いてみましょう。

M: ねえ、図書館の新しい規則について聞いた?

F: ええ、いい変更だと思うわ。集中するためには静かな環境じゃないと。

M: でも、このルールはちょっと厳しすぎると思わない?

F: 全然厳しくないわよ。携帯電話は勉強の場では鳴ってはいけないわ。学生一人一人がもっと気を付けていれば、こんな新しいルールは必要ないけど。残念ながら、常識のない学生が多いのよ。

M: そうだね、携帯電話の音は本当に勉強の邪魔になるね。

F: その通り。だから学校はルールを作らないといけないんだ。

M: でも、グループワーク中には、学生同士が話をするのはいいんじゃないの?

F: いや、それもだめよ。誰も他の学生の邪魔することがあってはいけないわ。だって、他の人が大きな声で話していて集中できなかったら、私、いらいらするもの。

M: 言いたいことはわかるけど…。実際にグループワークが必要な課題もあるよね。

サンプル問題と解法

79

F: There are plenty of spaces for group study, including empty classrooms, cafés, and dormitory study spaces. Libraries should be quiet. No exception.

F: 空いている教室やカフェ、寮の自習スペースのように、グループワークができるスペースはたくさんあるわよ。図書館は静かであるべきだわ。例外なく。

The woman expresses her opinion about the new policy. Briefly summarize the policy. Then state her opinion and explain the reasons she gives for holding that opinion.

女性は新しい方針について意見を述べています。その方針を簡単に要約しなさい。次に彼女の意見を述べ、その意見を持つに至った理由を説明しなさい。

サンプル解答　　80点ターゲット　　🔊 17

There was an announcement from the school. According to the announcement, the library will become a silent zone. Two students are discussing the issue. And the female student says she agrees with the announcement. First, she says students need silence. Cell phones are noisy. Many students don't have common sense. That's why the new rule is necessary. The second reason is that group work is noisy. As a result, she can't focus on her studies in the library. For group work, there are other places to study. Students can use classrooms, cafés, or dormitory rooms. For these reasons, the female student agrees with the announcement.
（105語）

学校からアナウンスメントがありました。それによると、図書館は静粛エリアになるとのことです。2人の学生がその問題について話し合っています。女子学生はそのアナウンスメントに賛成だと言っています。まず、彼女は学生には静かな場所が必要だと言っています。携帯電話はうるさいものです。多くの学生は常識を持っていません。だからこそ新しいルールが必要なのです。二つ目の理由は、グループワークがうるさいというものです。結果として、彼女は図書館では勉強に集中できません。グループワークのために、勉強する場所は他にあります。教室、カフェ、寮の部屋を使うことができるのです。以上の理由から、この女子学生はこのアナウンスメントに賛成しています。

Speaking

メモ

```
R
announcement
library → silent zone
stu can't talk

L
F agrees
1
need silence
cell phones X
common sense
rules necess
2
group work X
can't focus
use classrooms, cafes, dorm rooms
```

サンプル問題と解法

🔍 サンプル解答の分析

　80点ターゲットのこのサンプル解答は105語で構成されています。30点満点のスピーキングで23点を取る受験者の多くは、1分間でおおよそ120語ほど話しているので、このサンプル解答レベルの内容をスラスラ話せたならば、20点から22点あたりが予想されます。言いよどみやエラーが増えるほどここから減点されていき16点から20点あたりが現実的な着地点になるでしょう。以上を踏まえて、総合で80点を取るためには現実的なレベルの解答といえます。

　完璧な解答ではありません。理想的には、もっと単語数を増やし、接続を増やし、理路整然とした流れを生みたいものです。しかし、高く狙いすぎてつまずくのではなく、着実に、狙ったターゲットスコアを出しにいく、そのような戦略を持ったサンプル解答です。

　内容は詳細に入りすぎず、大枠をシンプルにまとめています。

　（80点ターゲットのサンプル解答をベースに以降の説明を進めます）

1. There was an announcement from the school.
　テンプレート表現を置きます。

81

2. According to the announcement, the library will become a silent zone.
   テンプレート表現に続き、読んだ内容を1文だけで簡潔にまとめます。

3. Two students are discussing the issue.
   テンプレート表現を置きます。

4. And the female student says she agrees with the announcement.
   テンプレート表現を置きます。

5. First, she says students need silence.
   一つ目の賛成 / 反対の理由を完結に話します。

6. Cell phones are noisy.

7. Many students don't have common sense.

8. That's why the new rule is necessary.
   一つ目の理由の説明を短い文に区切って加えていきます。

9. The second reason is that group work is noisy.
   二つ目の賛成 / 反対の理由を完結に話します。

10. As a result, she can't focus on her studies in the library.

11. For group work, there are other places to study.

12. Students can use classrooms, cafés, or dormitory rooms.
    二つ目の理由の説明を短い文に区切って加えていきます。

13. For these reasons, the female student agrees with the announcement.
    テンプレート表現を置きます。

「学校からの告知文タイプ」へのテンプレート

There was an announcement from the school.
According to the announcement, _____.
Two students are discussing the issue.
And the male/female student says he/she agrees/disagrees with the announcement.
First, he/she says _____. _____. _____.
The second reason is that _____. _____. _____.
For these reasons, the male/female student agrees/disagrees with the announcement.

［テンプレート部分45語］

Speaking

サンプル問題と解法

「学生から学校への提案タイプ」へのテンプレート

There was a proposal to the school.
According to the proposal, _____.
Two students are discussing the issue.
And the male/female student says he/she agrees/disagrees with the proposal.
First, he/she says _____. _____. _____.
The second reason is that _____. _____. _____.
For these reasons, the male/female student agrees/disagrees with the proposal.

［テンプレート部分45語］

▎高得点へのカギ

　読んだ内容の要約に15秒程度、聞いた内容の要約に45秒程度を割り振りましょう。読んだ内容の要約が長すぎると点数が出にくくなります。学校からの告知（今回は、図書館での電話とグループ学習の禁止）についての背景や理由までリーディングには書かれていますが、この理由は話さないようにしましょう。あくまで、告知の要点のみを話してください。聞いたことをいかにうまくまとめられるかで点数の大半が決まります。こちらの方に長い時間を取りましょう。

　賛成であれ、反対であれ、その理由は必ず二つ掲げられます。この理由とこの理由で賛成／反対、という具合です。これら二つの理由を偏りすぎることなく、バランスを取って話しましょう。よくあるのが、一つ目の理由を長く話しすぎて、二つ目の理由説明で時間が全然足りなくなった、という状況です。これは大きな減点となりますので、一つ目の理由で詳細を話しすぎることなく、速やかに二つ目の理由説明に入りましょう。

　最後のコンクルージョンに当たる部分（For these reasons, the female student agrees with the proposal.）はあってもなくても構いません。なくても減点にはなりません。時間が余りすぎると減点になりますので、時間が余っているときに使う調整弁として持っておくといいでしょう。

☑ 参考資料

　60点、80点、100点のターゲットスコア別にサンプル解答を記載します。見比べて、それぞれの目標点に合わせて参考にしてください。

サンプル解答　60点ターゲット

According to the announcement, the library will become a silent zone. Two students are discussing the issue. And the female student says she agrees with the announcement. First, students need quiet places. Cell phones are noisy. The school must make a new rule. The second reason is that group work is noisy. She can't focus on her studies in the library. Students can use classrooms or cafés. For these reasons, the female student agrees with the announcement.

(77語)

アナウンスメントによると、図書館は静粛エリアになるとのことです。2人の学生がその問題について話し合っています。女子学生はそのアナウンスメントに賛成だと言っています。まず、学生には静かな場所が必要です。携帯電話はうるさいものです。学校は新しいルールを作らなければいけません。二つ目の理由は、グループワークがうるさいというものです。彼女は図書館では勉強に集中できません。学生は教室やカフェを使うことができるのです。以上の理由から、この女子学生はこのアナウンスメントに賛成しています。

サンプル解答　80点ターゲット

There was an announcement from the school. According to the announcement, the library will become a silent zone. Two students are discussing the issue. And the female student says she agrees with the announcement. First, she says students need silence. Cell phones are noisy. Many students don't have common sense. That's why the new rule is necessary. The second reason is that group work is noisy. As a result, she can't focus on her studies in the library. For group work, there are other places to study. Students can use classrooms, cafés, or dormitory rooms. For these reasons, the female student agrees with the announcement.

(105語)

学校からアナウンスメントがありました。それによると、図書館は静粛エリアになるとのことです。2人の学生がその問題について話し合っています。女子学生はそのアナウンスメントに賛成だと言っています。まず、彼女は学生には静かな場所が必要だと言っています。携帯電話はうるさいものです。多くの学生は常識を持っていません。だからこそ新しいルールが必要なのです。二つ目の理由は、グループワークがうるさいというものです。結果として、彼女は図書館では勉強に集中できません。グループワークのために、勉強する場所は他にあります。教室、カフェ、寮の部屋を使うことができるのです。以上の理由から、この女子学生はこのアナウンスメントに賛成しています。

※80ページの「サンプル解答（80点ターゲット）」と同じ内容です。60点ターゲットおよび100点ターゲットとの比較のため再掲しています。

Speaking

サンプル解答　100点ターゲット

There was an announcement from the school that the library will become a silent zone. The use of cell phones is not allowed, and group work is not permitted, either. Two students are discussing the issue. And the female student agrees with it. The first reason is that students need silence, but noise from cell phones is disturbing for students' studies. If the students could behave themselves, this kind of policy would not be needed, but unfortunately, that's not the case. The second reason is that loud voices from group work are also troublesome. She says she would be annoyed if the noise from group work disturbs her studies. For group work, there are other places students can use such as vacant classrooms, cafés, or dormitory rooms. For these reasons, the female student agrees with the announcement.

（136語）

学校から、図書館を静粛エリアにするというアナウンスがありました。携帯電話の使用は禁止、グループワークも禁止となります。2人の学生が話し合っており、女子学生は賛成しています。一つ目の理由は、学生には静かな場所が必要なのに、携帯電話の騒音が学生の勉強の妨げになっているからです。学生がマナーを守れていれば、このようなポリシーは必要ないのですが、残念ながら状況はそうではないのです。二つ目の理由は、グループワークの大声も迷惑になるというものです。グループワークの大きな声で彼女の勉強が妨げられるのは迷惑だと言っています。グループワークのためには、空き教室やカフェ、寮の部屋など、他に使える場所があります。以上の理由から、この女子学生は、アナウンスに賛成しています。

サンプル問題と解法

▶ Task 3　学術的な記事と講義をまとめる

　この問題は、まず短い文章（学術的な用語やコンセプトの説明）を45秒間で読んで、その内容に関する教授の講義を聞き、読んだことと聞いたことを要約して話すという問題です。話し始める前に30秒の準備時間が与えられ、その後60秒間で話します。

　頻出の出題分野は、心理学、ビジネス、生物学、自然科学、社会科学です。こうした教科の専門的な用語が取り上げられます。この専門用語やコンセプトは、専門性が高く、日常生活では頻繁には耳にしないものです（例：心理学のつり橋効果）。教授が講義で、例を使いながらこの専門用語やコンセプトを説明していきます。例は一つのときもあれば二つのときもありますが、三つ以上はありません。

入門者へのアドバイス

　とにかくシンプルに、最低限必要な要素を言える範囲で話しましょう。60秒間の制限時間で、80語程度話すことを目指します。リーディング部分では、専門用語の説明が書かれていますので、その専門用語を、1文または2文程度で簡潔にまとめます。リスニングで聞いた内容をまとめる部分は、メモに基づいて、話せるだけ話したいところです。ただ、言いたいことをスピーディーに英語にできる状況でなければ、詳細を話そうとしすぎると詰まって進めなくなってしまいます。言えることを言っていく、というスタイルで進みましょう。理解できていないこと、言えそうもないことを無理して言おうとしないように自制しましょう。もちろん、練習していく過程の中では、英語で表現できる範囲を増やしていけるよう、強化を図っていきましょう。

中級者へのアドバイス

　詳細を全部話そうとするのではなく、全体像を大まかに、60秒間の制限時間で、90語から110語程度話すことを目指しましょう（上級者であれば、120語から140語あたりを目指しましょう）。中級者になると、英語で聞けること、話せることも増えていますので、単語数自体はある程度増やせるようになっているものです。だからこそ注意しなければいけないのが、前半部分はたくさん話しているが、時間切れで後半部分があまり話せない、というスピーチです。細かいところのメモが取れていて、話せることが多いとしても、前半で詳細を詰め込みすぎないようにしましょう。話の幹（大事なポイント）と枝葉（補足的な情報）を見極め、できる限り幹の部分を優先して話していきましょう。

Speaking

サンプル問題　🔊 18

Now read the passage from a psychology textbook. You have 45 seconds to read the passage. Begin reading now.

> **Bandwagon Effect**
>
> People's behavior is influenced by what other people are doing. People assume that they determine their own behavior, but in fact they are strongly influenced by their surroundings. In simple terms, the concept of the bandwagon effect is that people are more likely to follow what other people around them are doing instead of thinking logically and making their own choices. This happens in many areas like politics, fashion, and shopping. The term comes from "jump on the bandwagon," which means joining in on a popular trend.

Using the example from the lecture, explain the concept of the bandwagon effect.

Preparation Time: 30 seconds
Response Time: 60 seconds

Now read the passage from a psychology textbook. You have 45 seconds to read the passage. Begin reading now.

心理学の教科書の一節を読みなさい。読む時間は45秒です。それでは読み始めなさい。

Bandwagon Effect

People's behavior is influenced by what other people are doing. People assume that they determine their own behavior, but in fact they are strongly influenced by their surroundings. In simple terms, the concept of the bandwagon effect is that people are more likely to follow what other people around them are doing instead of thinking logically and making their own choices. This happens in many areas like politics, fashion, and shopping. The term comes from "jump on the bandwagon," which means joining in on a popular trend.

バンドワゴン効果

人の行動は、他の人がやっていることに影響される。人は自分の行動を自分で決めていると思い込んでいるが、実は周りに強く影響を受けている。端的に言うと、バンドワゴン効果のコンセプトとは、人は論理的に考えて自分で選択するのではなく、周りの人がやっていることに従う傾向が強い、ということだ。これは政治、ファッション、ショッピングなど多くの分野で起こる。この言葉は、流行に乗ることを意味する「バンドワゴンに乗る（jump on the bandwagon）」から来ている。

スクリプト

Now listen to part of a lecture on the topic in a psychology class.

それでは、心理学の授業でのこのテーマに関する講義の一部を聞きなさい。

All right, let me give you an example of the bandwagon effect. Researchers conducted an experiment to see how people are influenced by others when crossing the street. First, the researchers observed pedestrians standing at a crosswalk with a red light. Well, here, most people around them were waiting patiently at the crosswalk for the light to turn green. No one was crossing during the red light. In this situation, almost all the pedestrians being observed also waited for the signal to change. They obeyed the traffic rule when they saw others doing the same.

さて、バンドワゴン効果の例を挙げましょう。研究者たちは、人が道路を横断するときに、他人からのどのような影響を受けるかを調べる実験を行いました。まず、研究者たちは赤信号の横断歩道に立っている歩行者を観察しました。さて、ここで周囲のほとんどの人は、横断歩道で信号が青になるのをじっと待っていました。赤信号の間は誰も渡っていませんでした。この状況では、観察されている歩行者のほとんどが信号が変わるのを待っていたのです。他の人が同じことをしているのを見て、彼らも交通ルールを守ったのです。

Speaking

Next, the researchers set up a similar situation but with a key difference. In this second group, many people ignored the red light and crossed the street anyway. Now, guess what happened to the behavior of the pedestrians who were being tested. You can easily imagine the outcome. Many of the pedestrians saw other people around them ignoring the traffic light, and they also crossed the street even though the light was red. This showed that people tend to behave in the same or similar way as other people around them. I think I would ignore the light and cross the street, too, if others are doing the same. Wouldn't you?

Using the example from the lecture, explain the concept of the bandwagon effect.

次に、研究者たちは同じような状況を設定しましたが、重要な違いがありました。この2番目のセッティングでは、多くの周りの人たちが赤信号を無視して道を横断しました。さて、テストされている歩行者の行動がどうなるでしょうか。結果は容易に想像がつくでしょう。多くの歩行者は、周りの人が信号を無視しているのを見て、赤信号にもかかわらず自分たちも道路を横断したのです。このことから、人は周りの人と同じか似たような行動を取る傾向があることがわかったのです。他の人が同じことをしていたら、私自身も信号を無視して道を渡ると思います。皆さんもそうしませんか。

講義の例を用いて、バンドワゴン効果のコンセプトについて説明してください。

サンプル解答　80点ターゲット　◀» 19

The passage introduced the concept of the bandwagon effect. People copy some behaviors when they see other people doing them. This is called the bandwagon effect. The professor gave an example of pedestrians' behavior. There was an experiment. Pedestrians were waiting at a crosswalk. They saw other people waiting during the red light. Then they also followed the rule and waited. Next, pedestrians were at the crosswalk. This time, they saw other people ignoring the red light. Then, they also began to cross the street while the light was red. They did so simply because others were doing so. This is how the professor explained the concept of the bandwagon effect.

（111語）

パッセージはバンドワゴン効果のコンセプトを紹介しました。人は、他の人がやっているのを見て、ある行動をまねします。これをバンドワゴン効果といいます。教授は歩行者の行動の例を挙げて説明しました。ある実験が行われました。歩行者は横断歩道で待っています。彼らは赤信号の間に他の人が待っているのを見ました。そうすると、被験者らもルールに従って待ちました。次に、歩行者が横断歩道にいました。今度は、他の人が赤信号を無視しているのを見ました。そうすると、被験者らも、赤信号の間に横断歩道を渡り始めたのです。彼らは単に他の人がそうしているからそうしたのです。教授はバンドワゴン効果のコンセプトをこのように説明しました。

メモ

> R
> *the bandwagon effect*
> *follow what other people do*
> L
> *e.g. of pedestrians*
> *experiment*
> *Ped. wait - crosswalk*
> *Red*
> *other P waiting → waited*
> *Next,*
> *other P ignoring → ignored*
> *others are doing*

🔍 サンプル解答の分析

　80点ターゲットのサンプルは111語で構成されています。このサンプル解答レベルの内容をスラスラ話せたならば、スピーキングでは23点前後が予想されますが、実際には、言いよどみやエラーがある程度は出てくるものです。いきなりここまでうまく正確に話すのは難しいですが、総合で80点を取るための一定の指標となるサンプルです。

　内容もですが、各文の構造も複雑に長くせず、シンプルにまとめています。

　（80点ターゲットのサンプル解答をベースに以降の説明を進めます）

1. The passage introduced the concept of the bandwagon effect.
   テンプレート表現を置きます。下線部だけ変えてください。

2. People copy some behaviors when they see other people doing them.
   簡潔な1文で、テーマについての要約をします。

3. This is called the bandwagon effect.
   テンプレート表現を置きます。下線部だけ変えてください。

4. The professor gave an example of pedestrians' behavior.
   テンプレート表現で、同じく下線部だけ変えてください。

5. There was an experiment.
6. Pedestrians were waiting at a crosswalk.
7. They saw other people waiting during the red light.
8. Then they also followed the rule and waited.

Speaking

9. Next, pedestrians were at the crosswalk.

10. This time, they saw other people ignoring the red light.

11. Then, they also began to cross the street while the light was red.

12. They did so simply because others were doing so.
    聞いた内容を簡潔にまとめていきます。

13. This is how the professor explained the concept of the bandwagon effect.
    テンプレート表現で終了です。下線部だけ変えてください。

　サンプル解答を観察して流れをつかみましょう。ある程度、こうあるべきという流れが決まっており、一定割合はテンプレート表現で固めることができます。また、よく観察してみると、一つ一つの文は徹底して短くシンプルにしていることに気づきます。

テンプレート

The passage introduced the concept of _____.
_____. This is called _____.
The professor gave an example of _____.
_____. _____. _____. _____. _____.
This is how the professor explained the concept of _____.

［テンプレート部分22語］

▌高得点へのカギ

　60秒間の内訳として、読んだことの要約を話すのに15秒程度、聞いたことの要約を話すのに45秒程度を割り振りましょう。Task 2と同様、読んだ内容の要約が長すぎると点数が出にくくなります。リーディング部分で、話のテーマ（今回はバンドワゴン効果）についての説明があります。そのテーマについて、1文で簡潔に説明しましょう。このリーディング部分を長く話しても加点になりません。聞いたことをいかにうまくまとめられるかで点数の大半が決まります。こちらの方に長い時間を取りましょう。

　聞いたことを要約する問題なので、そもそものリスニングで制限があると、要約を話そうにも十分に話せない、という状況が発生してしまいます。スピーキングの練習はもちろん、リスニングの練習を併せて行いましょう。また、聞き取れた部分は比較的多めに話し、聞き取れなかった部分は、無言でいるよりも、予想した内容でもいいのでできる限り話していきましょう。「不正確な解答＞無解答」です。

　テンプレートはあくまで流れを作っているだけで、すべての問題に万能というわけではありません。問題により適宜微調整が必要なこともあるので、実践していく中で微調整する練習も併せて行いましょう。

☑ 参考資料

　60点、80点、100点のターゲットスコア別にサンプル解答を記載します。見比べて、それぞれの目標点に合わせて参考にしてください。

サンプル解答　　60点ターゲット

The passage introduced the concept of the bandwagon effect. People copy some behaviors when they see other people doing them. This is called the bandwagon effect. The professor gave one example. Pedestrians were waiting at a crosswalk. Other people were waiting during the red light. Then they also waited. Next, this time, other people were ignoring the red light. Then, they also crossed the street while the light was red. This is how the professor explained the concept of the bandwagon effect.
（81語）

パッセージはバンドワゴン効果のコンセプトを紹介しました。人は、他の人がやっているのを見て、ある行動をまねします。これをバンドワゴン効果といいます。教授は一つの例を挙げました。歩行者が横断歩道で待っています。他の人も赤信号の間待っていました。すると被験者らも同じように信号を待ちました。次に、今度は他の人が赤信号を無視していました。そうすると、被験者らも赤信号の間に横断歩道を渡りました。教授はバンドワゴン効果のコンセプトをこのように説明しました。

サンプル解答　　80点ターゲット

The passage introduced the concept of the bandwagon effect. People copy some behaviors when they see other people doing them. This is called the bandwagon effect. The professor gave an example of pedestrians' behavior. There was an experiment. Pedestrians were waiting at a crosswalk. They saw other people waiting during the red light. Then they also followed the rule and waited. Next, pedestrians were at the crosswalk. This time, they saw other people ignoring the red light. Then, they also began to cross the street while the light was red. They did so simply because others were doing so. This is how the professor explained the concept of the bandwagon effect.
（111語）

パッセージはバンドワゴン効果のコンセプトを紹介しました。人は、他の人がやっているのを見て、ある行動をまねします。これをバンドワゴン効果といいます。教授は歩行者の行動の例を挙げて説明しました。ある実験が行われました。歩行者は横断歩道で待っています。彼らは赤信号の間に他の人が待っているのを見ました。そうすると、被験者らもルールに従って待ちました。次に、歩行者が横断歩道にいました。今度は、他の人が赤信号を無視しているのを見ました。そうすると、被験者らも、赤信号の間に横断歩道を渡り始めたのです。彼らは単に他の人がそうしているからそうしたのです。教授はバンドワゴン効果のコンセプトをこのように説明しました。

Speaking

※89ページの「サンプル解答（80点ターゲット）」と同じ内容です。60点ターゲットおよび100点ターゲットとの比較のため再掲しています。

サンプル解答　　100点ターゲット

The passage introduced the concept of the bandwagon effect. People tend to behave like others around them, rather than think logically about their own actions. This is called the bandwagon effect. To illustrate the concept, the professor described an experiment in which pedestrians' behavior was monitored. The pedestrians being observed were waiting at a crosswalk. They saw other people waiting during the red light. In this situation, almost all the pedestrians also followed the rule and waited. In the next setting, pedestrians were at the crosswalk, but this time, they saw other people ignoring the red light and crossing the street while the light was red. This time, they also began to cross the street, and they did so simply because others were doing so. This is the bandwagon effect.

（130語）

パッセージはバンドワゴン効果のコンセプトを紹介しました。人は、とある行動について論理的に考えるよりも、周囲の人がするように行動する傾向があります。これをバンドワゴン効果と言います。このコンセプトを説明するために、教授は歩行者の行動をモニタリングした実験について説明しました。観察された歩行者は横断歩道で待っていました。彼らは赤信号の間に他の周りの人も待っているのを見ました。この状況では、ほとんどすべての歩行者がルールに従って待っていました。次の設定では、歩行者が横断歩道にいた際、他の人が赤信号を無視して道路を横断しているのを見ました。今度は被験者らも横断歩道を渡り始めたわけですが、それは、単に他の人がそうしているから自分たちもそうする、というものでした。これがバンドワゴン効果です。

▶ Task 4　学術的な講義をまとめる

　この問題は、教授の講義を聞き、聞いたことを要約して話すという問題です。話し始める前に20秒の準備時間が与えられ、その後60秒間で話します。

　頻出の出題分野は、心理学、ビジネス、生物学、自然科学、社会科学で、これは前のTask 3と同じです。専門用語やコンセプトについて、教授が講義にて、例を使いながらこの専門用語、コンセプトを説明していきます。例は二つ挙げられる場合が多いですが、一つだけのときもあります。三つ以上挙げられることはありません。

入門者へのアドバイス

　とにかくシンプルに、最低限必要な要素を言える範囲で話しましょう。60秒間の制限時間で、80語程度話すことを目指します。Task 4では、先に読むものがないので、どういう話が来るのかが想定できず、よりリスニング力が求められる要素があります。もし話の内容がわからない部分があっても、聞こえた単語を中心に5項目から10項目（1項目当たり1語から5語の範囲）程度はメモに取り、予想でもいいので、たぶんこういうことだろうという内容を話していきましょう。もちろん、予想ではなく聞き取れたから上手に要約できる、がベストなのですが、いきなりそれは難しいという状況もあります。すべきこととして、スクリプトを何度も音読して、学術的な英語に慣れる、文章の作り方に慣れる、という練習をしましょう。

中級者へのアドバイス

　60秒間の制限時間で、90語から110語程度話すことを目指しましょう。そのためには、メモは8項目から15項目（1項目当たり1語から5語の範囲）程度を目指しましょう。初級段階よりも言えることは増えているはずです。一方で、まだ英語ですらっと言えないこともあります。言えそうもない部分をこだわって言おうとしてクラッシュするよりも、わからないところや自信がないところは飛ばして、完全停止をできるだけ避けるように、言えることを言っていくという意識でテストに臨みましょう。もちろん、自信がないこと、言えなかったことをそのまま放置するのはよくないので、練習のときは、言おうとして言えなかった英語を、考える、調べる、先生に聞くなどして、それを使った文章にして話す練習をしましょう。

Speaking

サンプル問題　🔊 20

Using the points from the lecture, explain two ways that desertification can occur.

Preparation Time: 20 seconds
Response Time: 60 seconds

スクリプト

Listen to part of a lecture in a geography class.

All right, today we're going to talk about desertification and how it can occur. Desertification is the process by which land becomes desert. When land becomes a desert, it loses much of its productivity, so understanding desertification has a significant impact on the future of human beings. So... how does this phenomenon occur? There are two main causes or types.

The first one is climate change. Occasionally, global weather changes cause desertification. One of the most common natural causes of desertification is drought. When a drought occurs, in other words, when there's no rain for a long time, the land starts losing water. Without sufficient water, vegetation cannot survive.

地理学の講義の一部を聞きなさい。

さて、今日は砂漠化について、そしてそれがどのように起こるかということについてお話ししていきます。砂漠化とは、大地がどんどん砂漠に変わっていく現象のことです。土地が砂漠化していくと、その土地の生産性は大きく失われるため、砂漠化への理解は人類の未来に大きな影響があるといえます。では…この現象はどのように起こるのでしょうか。原因や種類については主に二つあります。

一つは気候変動です。地球規模の気象の変化が砂漠化を引き起こすことがあるのです。砂漠化の最も一般的な自然要因の一つとしては、干ばつがあります。干ばつが起こると、すなわち、長期間雨が降らなければ、土地は水を失い始めます。十分な水がなくして植物は生きていけません。多くの植物が姿を消していくわけです。さらに悪いことに、水を

Many plants disappear. What is worse is that once soil loses water, it also loses its ability to support plant roots. Imagine this. Normally, plant roots are firmly supported by the soil. Wind can't blow the plants away. But as the land weakens, it loses the ability to support the roots, and when strong winds come, the plants get blown away. In this way, plants disappear, and deserts are formed.

Now, let's move on to the second major cause of desertification, which is..., as you may guess, human activity. Yes, humans contribute to desertification. There are many problems caused by humans. Deforestation is a big problem. People are cutting down many trees for agriculture, commerce, and other purposes. Deforestation destroys the entire ecosystem of the land. As trees are removed, the food chain gets disrupted. The water cycle becomes unstable. And gradually, the ecosystem weakens. If this situation continues for a long time, the land loses its vitality and gradually turns into a desert.

Using the points from the lecture, explain two ways that desertification can occur.

失うと、その土壌は植物の根を支える能力も失ってしまいます。想像してみてください。通常ならば、植物の根は土でしっかりと支えられています。風が吹いても植物は飛ばされたりしません。しかし、土地が貧弱になると、根を支える力が衰え、強風が吹くと植物は飛ばされてしまうのです。こうして植物は姿を消し、砂漠が形成されていくというわけです。

さて、砂漠化の二つ目の主な原因は…ご想像の通り、人間の活動です。そうです、人間が砂漠化の原因となっているのです。人間によって引き起こされる問題はたくさんあります。森林破壊は大きな問題です。農業や商業、その他の目的のために人間は多くの木を伐採しています。森林破壊は、そこにある生態系全体を破壊することになります。樹木が伐採されることで、食物連鎖が乱されます。水の循環も不安定になります。だんだんと生態系は弱体化していくのです。このような状況が長く続くと、土地は活力を失い、次第に砂漠化していくのです。

講義のポイントを用いて、砂漠化を引き起こす二つの要因を説明しなさい。

サンプル解答 **80点ターゲット** ◀» 21

The professor explained how desertification occurs. According to the professor, there are two causes. First, she explained that weather conditions can cause desertification. Especially, droughts can cause desertification. If there is no rain for a long time, the land loses water. If there is not enough water, the land cannot support

砂漠化がどのように起こるかについて教授は説明しました。教授によると、原因は二つあります。一つ目として、天候が砂漠化の原因となり得ると説明しました。特に干ばつが砂漠化を引き起こします。長い間、雨が降らなければ、土地は水を失います。十分な水なくして土地は植物の根を支えることが

Speaking

plant roots. Winds can blow away plants. As a result, the land loses plants, and the land turns into a desert. The second cause of desertification is human activities. Humans cut down trees for many purposes. Because of this, the ecosystem there is disrupted. Water cycles become unstable. The land becomes weak, and desertification occurs.
（106語）

できません。風により植物は飛ばされてしまいます。その結果、土地は植物を失い、砂漠化が起こります。砂漠化の第2の原因は人間の活動です。さまざまな目的のために人間は樹木を伐採しています。その結果、その土地の生態系は失われます。水の循環も不安定になります。土地が貧弱になり、砂漠化が起こるのです。

メモ

How desertification occurs
explained 2 causes
1
weather conditions
droughts
no rain
land loses water
cannot support roots
land → desert
2
human activities
cut down trees
ecosystem disrupted
water cycles X
land gets weak → desert

🔍 サンプル解答の分析

　この80点ターゲットのサンプル解答は106語で構成されています。このサンプル解答レベルの内容をスラスラ話せたならば、スピーキングでは23点前後が予想されますが、実際には、言いよどみやエラーがある程度は出てくるものです。正確さが維持できても、単語数が減れば内容の充実度も減るので、点数はその分下がります。このサンプル解答の7割ほどのパフォーマンスが出せれば17点から18点あたりなので、総合で80点を取るためのサンプルとしては一定の指標となります。

詳細にこだわりすぎず、とは言え大事な要点は飛ばさず、講義全体をまとめています。
（80点ターゲットのサンプル解答をベースに以降の説明を進めます）

1. The professor explained how desertification occurs.
   テンプレート表現を置きます。下線部だけ変えてください。

2. According to the professor, there are two causes.
   下線部を適切に変えてください。

※ The professor talked about A and B as examples. というテンプレートも可能です。

3. First, she explained that weather conditions can cause desertification.
4. Especially, droughts can cause desertification.
5. If there is no rain for a long time, the land loses water.
6. If there is not enough water, the land cannot support plant roots.
7. Winds can blow away plants.
8. As a result, the land loses plants, and the land turns into a desert.
   一つ目の例を簡潔にまとめていきます。

9. The second cause of desertification is human activities.
10. Humans cut down trees for many purposes.
11. Because of this, the ecosystem there is disrupted.
12. Water cycles become unstable.
13. The land becomes weak, and desertification occurs.
    二つ目の例を簡潔にまとめていきます。

14. This is how the professor explained the process of desertification.
    テンプレート表現で終了です。下線部は変えてください。

※この1文はサンプル解答にはありませんが、最後に一言締めたい場合は、このような文が適切です。

　サンプル解答を観察して流れをつかみましょう。一つ一つの文は徹底して短くシンプル
にしています。上級者になればなるほど、接続や修飾をより盛り込めるようになりますが、
いきなりそうするのが難しい場合は、短くシンプルに、要点を話していきましょう。成長カー
ブの観点からは、まずはこのように短くシンプルに言えるようになったら、適切に接続し
たり、修飾を足したりしていきましょう。

Speaking

テンプレート

> The professor explained _____.
> According to the professor, _____. または The professor talked about
> _____ and _____ as examples.
> First, he/she explained that _____.
> _____. _____. _____.
> Second, he/she explained that _____.
> _____. _____. _____.
> This is how the professor explained _____.
>
> [テンプレート部分24語]

サンプル問題と解法

▌高得点へのカギ

　60秒間の内訳としては、まず導入部分で10秒程度、聞いたことを要約するのに50秒程度を割り振りましょう。多くの場合、二つの事例、ケースが説明されますので、それぞれをバランスよく説明しましょう。よく見られるのは、一つ目の事例のために時間を取りすぎて、二つ目の内容を言う時間が残っていない、という状況で、これは採点上望ましくない構成です。残り25秒から20秒では second の内容に入っていなければいけません。

　また、導入部分や結論部分などで、意味のない引き延ばしの表現を使ったとしても点数上は何のメリットもありません。あくまで、聞いた内容をどれだけまとめられているかです。ですので、聞き取りに自信がなかったとしても、引き延ばし作戦は取らず、予想でもいいのでできる限り本論の方を話していきましょう。

☑ 参考資料

　60点、80点、100点のターゲットスコア別にサンプル解答を記載します。見比べて、それぞれの目標点に合わせて参考にしてください。

99

サンプル解答 　60点ターゲット

The professor talked about desertification. According to the professor, there are two causes. First, she explained that weather conditions can cause desertification. Especially, droughts can cause desertification. If there is no rain, land loses water. The land cannot support plant roots. As a result, the land loses plants, and the land turns into a desert. The second cause of desertification is human activities. Humans cut down trees. Because of this, the ecosystem is disrupted. The land becomes weak, and desertification occurs.

（81語）

教授は砂漠化について説明しました。教授によると、原因は二つあります。一つ目として、天候が砂漠化の原因となり得ると説明しました。特に干ばつが砂漠化を引き起こします。雨が降らなければ、土地は水を失います。土地は植物の根を支えることができません。その結果、土地は植物を失い、砂漠化が起こります。砂漠化の第2の原因は人間の活動です。人間は樹木を伐採しています。その結果、生態系は失われます。土地が貧弱になり、砂漠化が起こるのです。

サンプル解答 　80点ターゲット

The professor explained how desertification occurs. According to the professor, there are two causes. First, she explained that weather conditions can cause desertification. Especially, droughts can cause desertification. If there is no rain for a long time, the land loses water. If there is not enough water, the land cannot support plant roots. Winds can blow away plants. As a result, the land loses plants, and the land turns into a desert. The second cause of desertification is human activities. Humans cut down trees for many purposes. Because of this, the ecosystem there is disrupted. Water cycles become unstable. The land becomes weak, and desertification occurs.

（106語）

砂漠化がどのように起こるかについて教授は説明しました。教授によると、原因は二つあります。一つ目として、天候が砂漠化の原因となり得ると説明しました。特に干ばつが砂漠化を引き起こします。長い間、雨が降らなければ、土地は水を失います。十分な水なくして土地は植物の根を支えることができません。風により植物は飛ばされてしまいます。その結果、土地は植物を失い、砂漠化が起こります。砂漠化の第2の原因は人間の活動です。さまざまな目的のために人間は樹木を伐採しています。その結果、その土地の生態系は失われます。水の循環も不安定になります。土地が貧弱になり、砂漠化が起こるのです。

※96ページの「サンプル解答（80点ターゲット）」と同じ内容です。60点ターゲットおよび100点ターゲットとの比較のため再掲しています。

Speaking

サンプル解答   **100点ターゲット**

The professor explained how desertification occurs. According to the professor, there are two causes. The first one is global-scale climate change. In particular, droughts can be a direct trigger of desertification. As a drought lasts for a long duration, the land loses water. Without sufficient water, plant roots, which are normally supported by healthy soil, can no longer be supported by the soil, and they can be blown away by a wind. The land loses plants, and desertification ensues. The second cause of desertification is human activities. Humans cut down trees for many purposes including agriculture and commerce. Deforestation destroys the ecosystem, disrupts the food chain, and disturbs the water cycles. Gradually, the land loses its vitality, which eventually results in desertification.

（122語）

教授は砂漠化がどのように起こるかについて説明しました。教授によると、原因は二つあります。一つは地球規模での気候変動です。特に干ばつは砂漠化の直接的な引き金になります。干ばつが長期間続くと、土地は水を失います。十分な水がなければ、本来健康な土壌によって支えられている植物の根が、土壌からの支えを失い、風で飛ばされていってしまいます。土地は植物を失い、続くのは砂漠化です。砂漠化の第2の原因は人間の活動です。人間は農業や商業などさまざまな目的のために樹木を伐採します。森林伐採は生態系を破壊し、食物連鎖を乱し、水の循環を乱します。土地は徐々に活力を失っていき、やがて砂漠化が起こります。

サンプル問題と解法

 **Column** 英語をしゃべれるようになっていく、ということ

　多くの受験者にとって、スピーキングセクションは難関となっています。入門レベルからの効果的な練習方法は、「サンプル解答の音読」です。

　サンプル解答、特に自分の目標としている点数のサンプル解答を音読してみてください。この書籍には、目標点に合わせたサンプル解答をいくつか準備しています。自分のレベルに合わせたサンプル解答を音読するようにしてみてください。

　母国語である日本語を覚えていく過程の中でも、小学生の頃、音読をさせられたはずです。母国語でさえ、何度も何度も音読をさせるのです。第2言語である英語を、人生の途中からやり始めて習得したいのであれば、音読は必須も必須です。やるという選択肢しかなく、それが英語をしゃべれるようになっていく、というプロセスの土台です。

　音読をすることにより、その単語の発音やイントネーション、文章の構造というのが頭に刷り込まれていきます。音読をするときのコツですが、ルーティーンとして頭を働かせずに、単に読み上げるのではなく、頭を働かせながら音読をしましょう。「この単語はこう使うのか」「ここのthat節ではthatを省略してもいいのか」など、単語の使い方や文章の構造などを、自分でまねして使えるよう、参考にしながら音読をしてください。そのような音読を重ねれば重ねるほど、話せる範囲が増えてきます。

　また多くの受験者の場合、ミスを恐れてしまい、実際にはもっとしゃべれるのに発話が止まってしまうという現象がよく見られます。ブレーキとアクセルのバランスが大事です。

　特に入門者の方には、ブレーキが強すぎるという傾向が見られます。どうやってもエラーはしてしまいます。注意してもしなくても、特に入門レベルの方であればエラーはしてしまいます。そして私の指導経験上、注意してしゃべっても、注意せずにしゃべっても、エラーの数はそこまで変わりません。であれば、注意深くブレーキを踏みすぎるというのはメリットが何もない行為です。

　もちろん理解できなくはありません。「きれいにしゃべりたい」「正しくしゃべりたい」という気持ちがあるのは当然です。ただ採点が行われるTOEFLというテストですから、あまりブレーキを踏みすぎて出せる点数を出せないというのはもったいない気がします。

　バランスとしては、「ブレーキ1対アクセル9」、または「ブレーキ0対アクセル10」でもいいので、そのくらいアクセルに振り切り、とにかく単語数を出すことを優先しましょう。

　どちらにしても、エラーはしてしまうわけなので、どんどんしゃべって点数を最大化させてから、その後にエラーや発音を直す、という思考を入れていくことをお勧めします。

Writing

TOEFL ライティングセクションでは、2問出題されます。

Task 1: Integrated（要約）
　　　　Reading → Listening → Writing。制限時間20分。
Task 2: Academic Discussion（意見を述べる）
　　　　Reading → Writing。制限時間10分。

　採点は半分が人間の採点員、半分が AI で行われ、総合的に0点から30点の幅で採点されます。採点基準は公開されていませんが、content accuracy（内容の精度）、structure range（表現・構造の幅）、grammar（文法）、vocabulary（語彙）、detail（詳細）、format（形式、つづり、バランス）などの要素を中心に複合的に評価、採点されます。

　いずれのタスクも、単に書くだけということではなく、聞く、読む、という要素も入っているため、リーディング力、リスニング力の強化も併せて行う必要があります。例えば、聞いたことを要約して書こうとしても、そもそもリスニングで理解できていなければ要約のしようがありません。実際のキャンパス生活でも、ビジネスでも、聞いたことを基にレポートを書く、読んだことをまとめる、それに対して見解を述べる、ということは日常的に出てきます。こうした将来に実際に要求されるスキルが組み込まれた問題形式になっています。

メモについて

　Task 1 は主に聞いたことをまとめる、という問題なので、聞いたことをメモすることが求められます。9項目から15項目（1項目当たり1語から3語が目安）が推奨です。サンプル解答とともにメモのサンプルも掲げますので、どの程度メモを取るべきかの参考にしてください。一方、Task 2 は、自分の意見を書くだけなので、特にメモの必要性はありません。書いていくうちに話がそれていく、という自己認識がある方はそうならないように大筋のキーワードだけ書いておく程度でいいでしょう。さもなくばメモは不要です。

　では、各タスクの詳細や注意点、サンプルなどを順々に見ていきましょう。

▶ Task 1　アカデミックな読み物と講義を要約する

　ライティングは2題出題されます。1題目は、短いパッセージを読み、次に短い講義を聞き、統合してまとめるというものです。300語程度の短いパッセージが表示され、それを3分で読みます。例えば、ある文明が滅んだ主な原因はこの三つだ、という具合に、何かのテーマについて、三つの理由なり解決法なりがパッセージに示されます。続いて、そのパッセージに関する150秒程度の短い講義を聞きます。講義では、パッセージで掲げられた三つの説明について、それは正しくない、それも正しくない、それもまた正しくない、と否定的な意見を述べます。

※否定的な意見以外にも、肯定的な意見、中立の意見もまれにあります。

　パッセージを読み、音声を聞いた上で総合的に要約してください、という問題です。制限時間は20分です。パッセージを読む時間、講義を聞く時間とは別に20分設けられていますが、考える時間、書く時間、見直す時間を合わせて20分ですので、戦略的に時間を使いましょう。読んでいる際も聞いている際もメモを取ることは許されます。一方で、先に読むパッセージは、解答中も表示されていて、いつでも参照することができるので、焦って細かくメモを取る必要はありません。

入門者へのアドバイス

　予想を含めてもいいので、書けることを書いていきましょう。内容、つづり、文法など自分の理解やライティングに確固たる自信がない部分はあるかもしれません。程度の差こそあれ誰でもあります。内容が合っているか不安だから手を止めてしまう、文章の正確さや不自然さが不安だから手を止めてしまう、ということは最も避けたい状況です。入門レベルですと、気を付けても気を付けなくてもエラーはしますし、大してそのエラーの量は変わりません。ブレーキを踏む意味はあまりないと思っていただき、アクセルだけで、間違ってもいいので、単語数をできるだけ出していくことに振り切る、というポリシーで臨みましょう。20分で180語から225語書くことを目指してください。

※教育的にこの手法が最善と言っているわけではありません。あくまで、入門の段階からTOEFLに踏み込んでいく上での効率的なアプローチということです。

中級者へのアドバイス

　20分間で、225語から280語を書き切れるように練習していきましょう。中級者になってくると、読み取れていること、聞き取れていること、書こうと思えば書けることが、初級者に比べると増えてきています。ただ、それを全部細かく書き切ろうとすると、時間がなくなり、エッセーが途中で終わってしまった、ということになりかねません。225語から280語の範囲で、冒険せずに理解していることを英語で書いていく、という方針に徹しましょう。また、リスニングで聞き取れていない範囲があったとしても、聞き取れたキー

Writing

ワードを基に予想して書きましょう。予想して書いた内容がズレている方が、当該部分について何も記載されていないゼロ解答よりは評価を得られます。また、聞き取れなかったかもしれないが、部分的にでも聞き取れた文や単語と、パッセージの内容を論理的に組み合わせて考えてみて、そうして出した予想というのはそれほど大きく外れず、ある程度合っている内容になっていくものです。

サンプル問題　🔊 **22**　　　　　　　　　　　　　　　　　　3 minutes

> The fall of the Roman Empire has been debated for many years. Several factors have been proposed to explain why the empire began to fall. What were the triggers? What were the very first causes? There are several possibilities. One is economic problems. The empire had a large population, and the cost of maintaining its huge infrastructure increased. This led to higher taxes; as a result, the economy weakened. Second, the Roman Empire was troubled by the invasion of "barbarian" tribes. "Barbarians" referred to groups of people who were trying to protect or sometimes expand their territories. The Romans initially conquered many "barbarians." However, some of them began attacking Roman territories. These invasions caused instability in the Roman Empire. The third explanation is the spread of diseases. Some historians believe that outbreaks of deadly diseases reduced the population significantly. This meant fewer people were available to farm, fight in the army, or work.

The fall of the Roman Empire has been debated for many years. Several factors have been proposed to explain why the empire began to fall. What were the triggers? What were the very first causes? There are several possibilities. One is economic problems. The empire had a large population, and the cost of maintaining its huge infrastructure increased. This led to higher taxes; as a result, the economy weakened. Second, the Roman Empire was troubled by the invasion of "barbarian" tribes. "Barbarians" referred to groups of people who were trying to protect or sometimes expand their territories. The Romans initially conquered many "barbarians." However, some of them began attacking Roman territories. These invasions caused instability in the Roman Empire. The third explanation is the spread of diseases. Some historians believe that outbreaks of deadly diseases reduced the population significantly. This meant fewer people were available to farm, fight in the army, or work.

ローマ帝国の滅亡については長年にわたり議論がなされてきた。なぜ帝国が崩壊し始めたのか、これを説明し得る要因がいくつか提唱されている。きっかけは何だったのか。最初の原因は何だったのか。いくつかの可能性がある。一つは経済的な諸問題である。帝国は多くの人口を抱えており、巨大なインフラを維持するためにコストは増加することとなった。これが増税につながり、その結果、経済は弱体化していったのだ。第2に、ローマ帝国は「バーバリアン」の侵入に悩まされていた。「バーバリアン」は、自分たちの領土を守護し、時には拡大しようとしている集団を指していた。ローマ人は当初、多くの「バーバリアン」を征服していた。しかし、一部はローマ帝国の領土を攻撃し始めた。こうした侵略はローマ帝国の不安定化を引き起こしたのだ。第3の原因は病気の蔓延である。致死性が高い病気が発生し人口が大幅に減少していったと考える歴史家もいる。つまり、農耕や軍隊での戦闘、労働に従事できる人口が減少したのだ。

スクリプト

Now listen to part of a lecture on the topic you just read about.

では、今読んだトピックに関する講義の一部を聞きなさい。

Now, let's take a closer look at each of the explanations. The first one is the economic problem. Well, it is true that economic troubles were there. But we need to remember that the Roman Empire was incredibly wealthy. The empire had a lot of resources, including gold and silver. It was also collecting taxes from its vast territories. The empire actually had enough assets to support itself. Now, let's consider the invasions by "barbarian" tribes. Well, the territory the Romans lost because of the counterattacks was very small. Remember, the Roman Empire

では、それぞれの説明を詳しく見ていきましょう。まずは経済的な問題です。経済的な問題があったのは事実です。しかし、ローマ帝国がとてつもなく裕福だったことを忘れてはいけません。帝国は金銀を含む莫大な資源を持っていました。広大な領土から税金も徴収していました。実際のところは、帝国は自らを支えるだけの資産を持っていたのです。では、「バーバリアン」の侵略について考えてみましょう。反撃によってローマ人が失った領土は非常に小さいものでした。ローマ帝国はヨーロッパ全土、さらにはそれ以上に広がっていたことを忘れてはいけ

Writing

stretched all across Europe and even more! Losing a few local territories did not cause serious damage to Rome. This was a rather small issue, I would say. Finally, let's talk about diseases. There were actually several big outbreaks of diseases. In fact, they did cause a large number of deaths. However, the Roman Empire had experienced plagues before, and people knew how to withstand the outbreaks. The empire had systems to manage crises, like storing food and separating infected patients. So, while the population may have declined, it seems unlikely that diseases were the main or initial cause of the empire's downfall.

ません！ わずかな領土を失ったところで、ローマ帝国が深刻なダメージを被ることはありませんでした。これはむしろ小さな問題だったと私は考えます。最後に病気についてです。実際、何度か大きな病気の流行がありました。実際に多くの死者が出ました。しかし、ローマ帝国は以前にも疫病を経験しており、人々は病気の流行に耐えるすべを知っていました。帝国には、食料を備蓄し、感染した患者を隔離するなど、危機管理システムがありました。そのため、人口は減少したかもしれませんが、病気が帝国滅亡の主な、あるいは最初の原因であったとは考えにくいのです。

サンプル解答 　80点ターゲット

The topic of the discussion is the Roman Empire. The reading passage explains three reasons why the Roman Empire began to fall. However, the lecturer disagrees with the explanations.

First of all, the passage explains that Rome had economic problems. Taxes were increased to maintain the infrastructure of the huge empire, and this worsened the economy. However, the lecturer insists that the empire had a great amount of assets such as gold and silver. It also collected taxes from its territories, so it was rich enough to support its economy.

議論のテーマはローマ帝国です。リーディングパッセージでは、ローマ帝国が没落し始めた三つの理由が説明されています。しかし、講師はそれらの説明に反対しています。

まず、パッセージは、ローマ帝国には経済的な問題があったと説明しています。巨大な帝国のインフラを維持するために増税がなされ、これが経済を悪化させました。しかし講師は、ローマ帝国は金や銀などの資産を大量に保有していたと主張しています。また帝国はその領土からも税を徴収していたため、経済を支えるのには十分豊かであったということです。

107

Next, the passage states that "barbarians" attacked the Romans. The invasions began to damage the Roman Empire, and it became unstable. On the other hand, the lecturer argues that the empire was huge. It had expanded all across Europe. According to the lecturer, losing some local territories was not a big problem for Rome.

Lastly, the passage mentions that diseases were another cause. Some fatal diseases began to spread. As a result, the number of farmers, soldiers, and workers decreased. On the contrary, the lecturer asserts that diseases were not the main or initial cause of the Romans' fall. According to the lecturer, although many people died, the empire could cope with the diseases. The empire effectively stored food and separated sick people from others.

In summary, the reading passage proposes three explanations about the fall of the Roman Empire. However, the lecturer provides specific reasons why those explanations are not fully convincing.

(243語)

次に、パッセージは「バーバリアン」がローマ人を攻撃したと述べています。この侵略がローマ帝国にダメージを与え始め、不安定化を引き起こしたのです。一方、講師はローマ帝国は巨大だったと言っています。それはヨーロッパ全土に広がっていました。講師によれば、ローマにとっていくつかの地方領土を失うことは大きな問題ではなかったということです。

最後に、パッセージは病気がもう一つの原因であったと述べています。いくつかの致命的な病気が蔓延し始めたのです。その結果、農民、兵士、労働者の数が減少することになりました。これに対して講師は、病気はローマ滅亡の主なまたは最初の原因ではないと強く主張しています。講師によれば、多くの人々が亡くなったものの、帝国は病気に対処することができたということです。帝国は効果的に食料を蓄え、病人を他の人々から隔離していたのです。

まとめると、ローマ帝国の滅亡について、リーディングパッセージは三つの原因を提示しています。しかし、講師はそれらの説明が十分納得できるものではない具体的な理由を提示しています。

Writing

サンプル問題と解法

メモ

> L
> 1. economic P
> had resources
> gold, silver
> taxes from territories
> enough to support
>
> 2. barbarians
> Rome all across Europe
> lose some
> not a problem
>
> 3. disease
> many people died
> but had experience
> could withstand
> stored food, sepa patients

🔍 サンプル解答の分析

　このサンプル解答は、243語で構成されており、おおよその目安としては、ライティングで30点満点中18点から22点あたりを取るためのものです。もう少し点数を伸ばしたいのであれば、単純に単語数をもっと出さなければいけません。ただ、単語数を無駄に引き延ばすのではなく、詳細をもっと加える形で単語数を伸ばすということです。詳細情報が入ることにより単語数が伸びれば、その分スコアも上がっていきます。

　このサンプル問題は若干易しめで、サンプル解答もシンプルに書いています。このように、要点として一番大事な部分を、シンプルに書いていく、というスタイルで進みましょう。このサンプル解答をよく観察してください。イントロで何を書くのか、各ボディーパラグラフでどの程度書くのか、観察すると見えてくるはずです。

イントロダクション
1. トピックは何なのか
2. パッセージが何について三つ説明しているか

109

3. 話し手がその三つの説明に疑念を投げかけているということ（テンプレート）

The topic of the discussion is the Roman Empire.

The reading passage explains three reasons why the Roman Empire began to fall.

However, the lecturer disagrees with the explanations.

ボディー1

4. First of all から、パッセージの一つ目の主張ポイント

5. その主張ポイントの説明をもう少し詳しく

6. However に続き、話し手の反論

7. 話し手の反論の説明をもう少し詳しく

First of all, the passage explains that Rome had economic problems.

Taxes were increased to maintain the infrastructure of the huge empire, and this worsened the economy.

However, the lecturer insists that the empire had a great amount of assets such as gold and silver.

It also collected taxes from its territories, so it was rich enough to support its economy.

ボディー2

8. Next から、パッセージの二つ目の主張ポイント

9. その主張ポイントの説明をもう少し詳しく

10. On the other hand に続き、話し手の反論

11. & **12.** 話し手の反論の説明をもう少し詳しく

Next, the passage states that "barbarians" attacked the Romans.

The invasions began to damage the Roman Empire, and it became unstable.

On the other hand, the lecturer argues that the empire was huge.

It had expanded all across Europe.

According to the lecturer, losing some local territories was not a big problem for Rome.

ボディー3

13. Lastly から、パッセージの三つ目の主張ポイント

14. & **15.** その主張ポイントの説明をもう少し詳しく

16. On the contrary に続き、話し手の反論

17. & **18.** 話し手の反論の説明をもう少し詳しく

Lastly, the passage mentions that diseases were another cause.

Some fatal diseases began to spread.

As a result, the number of farmers, soldiers, and workers decreased.

On the contrary, the lecturer asserts that diseases were not the main or

110

Writing

initial cause of the Romans' fall.

According to the lecturer, although many people died, the empire could cope with the diseases.

The empire effectively stored food and separated sick people from others.

コンクルージョン

19. In summary に続き、パッセージがなんと主張しているかを再度記述

20. それに話し手は納得していないという事実（テンプレートを使用）

In summary, the reading passage proposes three explanations about the fall of the Roman Empire.

However, the lecturer provides specific reasons why those explanations are not fully convincing.

このライティング問題に関する重要ポイント

・パラグラフとパラグラフの間には空白行を空けましょう。また、パラグラフの中では改行はしないように。インデントは不要です。

・RL の割合：パッセージの要約部分の割合が3割から4割、リスニング部分の要約部分が6割から7割、というのが最も高く点数が出る比率です。パッセージの要約を多く書きすぎないよう注意してください。

・パラグラフの数：イントロダクションは必須、ボディーも三つ必須です。コンクルージョンは必須ではありません（残り時間や単語数を見ながら書くか書かないか判断しましょう）。

・パラグラフのバランス：ボディー1から3に大きな偏りがないようにしましょう。よくあるのは、時間とエネルギーが多めにあるボディー1は長めで、終わり際に書いているボディー 3はかなり短い、という状況です。

・テンプレート表現：テンプレートの使用が悪いわけではありませんが、露骨にテンプレート部分が多すぎで、内容がほとんどない、というエッセーは低評価になります。内容が一番大事です。

・話し手は、特にパッセージに反対しているわけではない、という内容であれば、そのように調整しましょう。「パッセージの内容は悪くはないがもっと研究が必要」という論調も時々あります。

111

テンプレート

The topic of the discussion is _____. The reading passage gives three explanations about _____. However, the lecturer disagrees with all these explanations.

First of all, the passage explains that _____. _____. However, the lecturer insists that _____. _____. _____.

Next, the passage states that _____. _____. On the other hand, the lecturer argues that _____. _____. _____.

Lastly, the passage mentions that _____. _____. On the contrary, the lecturer asserts that _____. _____. _____.

In summary, the reading passage proposes three explanations about _____. However, the lecture provides specific reasons why those explanations are not fully convincing.

[テンプレート部分45語]

▌テンプレートの使い方

　このテンプレートの流れで、典型的な Integrated Task のエッセーは書き進めていくことができます。読んだ内容、聞いた内容を、空欄部分に入れていきましょう。特に、リスニングの要約部分は、しっかり書いていきましょう。the passage と the lecturer は毎回この表現で変える必要はありません（それで満点が出ています）。イントロダクションでは、三つの主張が何なのか（例：ローマ衰退の最初の原因が何だったのか）という具体的情報を書く必要はありません（記載なしで満点が出ています）。

　スピーキングセクションと同様に、テンプレートはあくまで流れを作るだけで、一番大事なのは内容そのものです。テンプレートを増やすことを目指すのではなく、このひな型に沿って書く練習をしましょう。あくまでコンテンツを充実させることが最重要項目です。定型的な部分はさっと終わらせるためにテンプレートを活用する、という考え方です。

☑ 参考資料

　サンプル解答では、80点を目標とする場合のものを掲載していますが、60点、80点、100点のターゲットスコア別にサンプル解答を記載します。見比べて、それぞれの目標点に合わせて参考にしてください。自分の目標点に合ったサンプルを基に練習することが大事です。

Writing

サンプル解答　60点ターゲット

The reading passage explains three reasons why the Roman Empire began to fall. However, the lecturer disagrees with all the explanations.

First, the passage explains that Rome had economic problems. Taxes were increased to maintain the infrastructure. This caused serious problems. However, the lecturer insists that the empire had a lot of assets such as gold and silver. It also collected taxes from its territories, so it was rich enough to maintain its economy.

Second, the passage states that "barbarians" attacked the Romans. The invasions damaged the empire and the empire became unstable. On the other hand, the lecturer argues that the empire was very big. It was bigger than Europe. According to the lecturer, Rome lost some territories, but it was not a big problem.

Third, the passage mentions that diseases were another cause. Fatal diseases spread, and the number of farmers, soldiers, and workers decreased. On the contrary, the lecturer claims that diseases were not the main or initial cause. Many people died, but the empire had experience with plagues. It effectively stored food and separated sick people from others.

As described above, the lecturer gives specific reasons to deny the explanations given by the reading passage.
（199語）

リーディングパッセージでは、ローマ帝国が滅び始めた三つの理由が説明されています。しかし、講師はすべての説明に反対しています。

まず、パッセージは、ローマには経済的な問題があったと説明しています。インフラを維持するために税金が増えました。これが深刻な問題を引き起こしました。しかし講師は、ローマ帝国は金や銀などの資産を大量に持っていたと主張しています。また、領土から税金を徴収していたので、経済を維持するのに十分なほど豊かでした。

第2に、パッセージは「バーバリアン」がローマ人を攻撃したと記載しています。侵略は帝国にダメージを与え、帝国は不安定になりました。一方、講師は帝国が非常に大きかったと主張します。ヨーロッパよりも巨大でした。講師によれば、ローマはいくつかの領土を失いましたが、それは大きな問題ではありませんでした。

第3に、このパッセージは病気がもう一つの原因であったと述べています。致命的な病気が蔓延し、農民、兵士、労働者の数が減少しました。一方、講師は、病気が主な原因でも最初の原因でもないと主張します。多くの人々が死にましたが、帝国には疫病の経験がありました。帝国は食料を効果的に貯蔵し、病人を他から隔離しました。

以上のように、講師は具体的な理由を挙げて、リーディングパッセージの説明を否定しています。

サンプル解答　80点ターゲット

The topic of the discussion is the Roman Empire. The reading passage explains three reasons why the Roman Empire began to fall. However, the lecturer disagrees with the explanations.

First of all, the passage explains that Rome had economic problems. Taxes were increased to maintain the infrastructure of the huge empire, and this worsened the economy. However, the lecturer insists that the empire had a great amount of assets such as gold and silver. It also collected taxes from its territories, so it was rich enough to support its economy.

Next, the passage states that "barbarians" attacked the Romans. The invasions began to damage the Roman Empire, and it became unstable. On the other hand, the lecturer argues that the empire was huge. It had expanded all across Europe. According to the lecturer, losing some local territories was not a big problem for Rome.

Lastly, the passage mentions that diseases were another cause. Some fatal diseases began to spread. As a result, the number of farmers, soldiers, and workers decreased. On the contrary, the lecturer asserts that diseases were not the main or initial cause of the Romans' fall. According to the lecturer, although many people died, the empire could cope with the diseases. The empire effectively stored food and separated sick people from others.

議論のテーマはローマ帝国です。リーディングパッセージでは、ローマ帝国が没落し始めた三つの理由が説明されています。しかし、講師はそれらの説明に反対しています。

まず、パッセージは、ローマ帝国には経済的な問題があったと説明しています。巨大な帝国のインフラを維持するために増税がなされ、これが経済を悪化させました。しかし講師は、ローマ帝国は金や銀などの資産を大量に保有していたと主張しています。また帝国はその領土からも税を徴収していたため、経済を支えるのには十分豊かであったということです。

次に、パッセージは「バーバリアン」がローマ人を攻撃したと述べています。この侵略がローマ帝国にダメージを与え始め、不安定化を引き起こしたのです。一方、講師はローマ帝国は巨大だったと言っています。それはヨーロッパ全土に広がっていました。講師によれば、ローマにとっていくつかの地方領土を失うことは大きな問題ではなかったということです。

最後に、パッセージは病気がもう一つの原因であったと述べています。いくつかの致命的な病気が蔓延し始めたのです。その結果、農民、兵士、労働者の数が減少することになりました。これに対して講師は、病気はローマ滅亡の主なまたは最初の原因ではないと強く主張しています。講師によれば、多くの人々が亡くなったものの、帝国は病気に対処することができたということです。帝国は効果的に食料を蓄え、病人を他の人々から隔離していたのです。

Writing

In summary, the reading passage proposes three explanations about the fall of the Roman Empire. However, the lecturer provides specific reasons why those explanations are not fully convincing.

（243語）

※107ページの「サンプル解答（80点ターゲット）」と同じ内容です。60点ターゲットおよび100点ターゲットとの比較のため再掲しています。

サンプル解答　100点ターゲット

The topic of the discussion is what triggered the fall of the Roman Empire. The reading passage explains three possible causes. However, the lecturer casts doubt on all these explanations.

First of all, the passage explains that Rome had economic problems. The population of the empire was large, and so was the infrastructure. To maintain it, tax increases were necessary, but this ended up weakening the economy. However, the lecturer insists that the empire was enormously wealthy. In fact, it possessed tremendous resources such as gold and silver. Combined with taxes collected from its territories, the assets of the empire were enough to support the territories.

Next, the passage states that "barbarians" attacking Roman territories could have been the trigger. While Rome initially conquered "barbarians," some of them began to counterattack. The "barbarians'' invasions resulted in the instability of Rome. On the other hand, the lecturer argues that the damage was not at a serious level. The Roman Empire was huge, stretching all across Europe and even

まとめると、ローマ帝国の滅亡について、リーディングパッセージは三つの原因を提示しています。しかし、講師はそれらの説明が十分納得できるものではない具体的な理由を提示しています。

ディスカッションのテーマは、ローマ帝国が滅亡した契機は何かということです。リーディングパッセージでは三つの考えられる原因を説明しています。しかし、講師はこれらの説明のすべてに疑問を投げかけています。

まず、パッセージはローマには経済的な問題があったと説明しています。帝国の人口は多く、インフラも巨大でした。それを維持するためには増税が必要でしたが、結果的に経済を弱体化させてしまいました。しかし講師は、帝国は経済的に豊かだったと主張します。実際、金や銀といった膨大な資源を持っていました。領土から徴収する税金と合わせて、帝国の資産は領土を支えることができました。

次に、ローマの領土を襲う「バーバリアン」が引き金となった可能性があるとパッセージは記しています。ローマは当初、バーバリアンを征服しましたが、バーバリアンの一部は反撃を開始しました。バーバリアンの侵攻はローマの不安定化を招いたのです。一方で講師は、被害は深刻なレベルではなかったと主張しています。ローマ帝国は巨大で、ヨーロッパ全土、さらに遠くまで広がっていました。講師によれば、いくつかの地方領土を失うことは、

サンプル問題と解法

115

farther. According to the lecturer, losing some local territories was not a big problem for Rome.

Lastly, the passage mentions that diseases were another cause. The population was greatly reduced because of the outbreak of fatal diseases. As a result, the number of farmers, soldiers, and workers decreased. The lecturer admits that deadly diseases did take many people's lives. However, she still insists that the empire could cope with the diseases, for it had learned from past experiences. For example, the Romans effectively stored food and separated sick people from others.

In summary, the reading passage proposes three explanations about the fall of the Roman Empire. However, the lecturer provides specific reasons why those explanations are not fully convincing.

（285語）

ローマにとって大きな問題ではありませんでした。

最後に、パッセージは病気が原因であったと述べています。致命的な病気が発生したため、人口は大幅に減少しました。その結果、農民、兵士、労働者の数が減ったのです。講師は、致命的な病気が多くの人々の命を奪ったことを認めています。しかし、それでも彼女は、帝国は過去の経験から学んでいたため、病気に対処できたと主張します。例えば、ローマ人は食料を効果的に貯蔵し、病人を他の人々から隔離しました。

要約すると、ローマ帝国の滅亡について、リーディングパッセージは三つの説明を提示しています。しかし、講師はそれらの説明に十分な説得力がない具体的な理由を示しています。

Writing

▶ Task 2　ディスカッションで自分の考えを投稿する

　ライティングの2題目 (Academic Discussion) は、クラスのオンラインディスカッションで自分の意見を述べる、という設定です。オンラインで、教授からメッセージが送られてきています。そのメッセージをまず読みます。「○○というテーマについてどう思う?」という趣旨の質問を教授が投げかけてきます。その問いかけに対して、先に2人の学生がそれぞれの意見を述べています。それらの意見を参照しつつ、自分の意見を書いていくという問題です。

　制限時間は10分です。教授からの問いかけ、2人の学生の意見をそれぞれ読む時間、アイデアを出す時間、書く時間、見直す時間、すべて含めて10分です。読むことや考えることに時間をかけすぎると書く時間が削られますので注意が必要です。読んでアイデアを出すのに1分から2分、書くのに8分から9分というのが現実的です。見直しの時間を取るゆとりは実際にはなかなか持てないものです。

入門者へのアドバイス

　単語数の観点では、10分で80語から100語書くことを目指してください。教授から問題が出されますが、教授が言っていることの全部を読む必要はありません。後半だけ読めばどういう問題かはわかります。2人の学生の言っていることも、大枠だけ理解すれば大丈夫です。そもそもこの学生たちの意見を詳細に説明する必要はありません。詳細を読み込んで時間を浪費するのではなく、さっと大意だけ取ってください。以上を踏まえて、自分の意見を簡潔に書いていきましょう。難しい単語、構造は避け、シンプルにわかりやすく書いていくことに徹しましょう。

中級者へのアドバイス

　10分間で、100語から125語を書き切れるように練習していきましょう。中級者になってくると、教授からの問題文も、2人の学生の投稿文も、さっと読めるはずです。テーマと要点さえわかれば、それ以上の熟読は不要ですので、読み込みすぎず書き始めましょう。文体については、形式主語 it で始める文、接続詞 (if, even if, unless, although, while あたりがお薦め)、前置詞 (because of, despite, without, during あたりがお薦め)、副詞 (therefore, however, on the other hand あたりがお薦め) を使いこなせるよう準備して臨むと、表現の多彩さを自然に無理なく広げられるので効果的です。ただし、冒険は禁物で、扱える表現を堅く堅く使っていく方針で進みましょう。

サンプル問題と解法

117

サンプル問題

Your professor is teaching a class on social studies. Write a post responding to the professor's question.

In your response, you should do the following.
- Express and support your opinion.
- Make a contribution to the discussion in your own words.

An effective response will contain at least 100 words.

Doctor Diaz

Our current unit explores public safety and the role of regulations. One pressing issue is whether senior citizens should be required to return their driver's licenses at a certain age due to the increasing number of accidents involving elderly drivers. What do you think? Should the government implement age-based regulations on driver's licenses for senior citizens? Why or why not?

Andrew

I believe seniors should return their licenses because it's harder for everyone to maintain physical or cognitive skills as they get older, which leads to accidents. We do hear about tragic accidents caused by senior drivers. It's better to prioritize public safety over individual driving freedom.

Claire

This can be a sensitive question and I'm aware of that. But ultimately, I think forcing seniors to return their licenses is a violation of their human rights. No one should lose the right to drive just because of age. There should be no age limit or forced regulation. Everyone deserves the right to keep their independence as long as they feel capable.

Writing

Your professor is teaching a class on social studies. Write a post responding to the professor's question.

In your response, you should do the following.
• Express and support your opinion.
• Make a contribution to the discussion in your own words.

An effective response will contain at least 100 words.

Doctor Diaz

Our current unit explores public safety and the role of regulations. One pressing issue is whether senior citizens should be required to return their driver's licenses at a certain age due to the increasing number of accidents involving elderly drivers. What do you think? Should the government implement age-based regulations on driver's licenses for senior citizens? Why or why not?

Andrew

I believe seniors should return their licenses because it's harder for everyone to maintain physical or cognitive skills as they get older, which leads to accidents. We do hear about tragic accidents caused by senior drivers. It's better to prioritize public safety over individual driving freedom.

Claire

This can be a sensitive question and I'm aware of that. But ultimately, I think forcing seniors to return their licenses is a violation of their human rights. No one should lose the right to drive just because of age. There should be no age limit or forced regulation. Everyone deserves the right to keep their independence as long as they feel capable.

教授が社会科学の授業をしています。教授の質問に答える文章を書きなさい。
解答では以下のことを行いなさい。
・自分の意見を述べ、サポートする。
・自分の言葉でディスカッションに貢献する。

効果的な解答には、少なくとも100語必要です。

ディアス博士

今進めている章では、公共の安全と規制の役割について学んでいます。喫緊の課題の一つとして、高齢の運転者による事故が増加していることを受け、高齢者に一定の年齢で運転免許証の返納を義務づけるべきかどうかという問題があります。どう思いますか。政府は高齢者の運転免許証について年齢による規制を実施すべきでしょうか。その理由は?

アンドリュー

高齢者は免許を返納すべきだと思います。年を取ると誰でも身体能力や認知能力を維持するのが難しくなり、それが事故につながるからです。高齢者ドライバーによる悲惨な事故も実際に耳にするではないですか。個人の運転の自由よりも公共の安全を優先した方がいいです。

クレア

これはデリケートな質問かもしれませんし、それは承知しています。ただ最終的には、高齢者に免許返納を強制することは人権侵害だと思います。年齢だけを理由に運転する権利を失うべきではありません。年齢制限や強制的な規制はあってはなりません。誰もが、自分が可能だと感じる限り、自立して生きる権利を有しています。

サンプル問題と解法

119

サンプル解答 1　　80点ターゲット

This is not a simple question, but I agree with Andrew's opinion. As he says, it is true that we hear sad news caused by elderly drivers. In my opinion, they should return their license unless they pass a test. To test if the person has sufficient physical and cognitive skills, elderly drivers should take an additional test. If the driver cannot pass the test, he/she has to return his/her license. For example, drivers have to take an eyesight test. A basic driving test is important, too. All things considered, I personally feel that elderly people should return their license if they cannot pass the test.
（106語）

これは単純な問題ではありませんが、私はアンドリューの意見に賛成です。彼が言うように、高齢ドライバーによる悲しいニュースを耳にするのは事実です。私の意見では、高齢者はテストに合格しない限り免許を返納すべきです。高齢ドライバーが十分な身体能力や認知能力があるか確認するために追加のテストをすべきです。合格できなければ、免許を返納すべきです。例えば、視力検査を受けなければいけないでしょう。基本的な運転テストも重要です。すべてを踏まえ、高齢者は試験に受かることができなければ免許を返納すべきだと個人的には思います。

サンプル解答 2　　80点ターゲット

I lean toward Claire's opinion. As she says, we should respect human rights. I would add that it is impossible to decide who is old and who is not. We have to look at the reality. Some people are over 70 years old, and they have sufficient skills. Other people are younger, but they may not have sufficient physical or cognitive skills. It is not right to make someone return a license just because the person is 70 years old. For example, my grandmother is 72 years old. She is healthy, and she has sufficient skills. She never breaks the speed limit. In many senses, she is a safer driver than many young people. Therefore, I cannot agree with the proposed policy.
（122語）

私の考えはクレアの意見に近いです。彼女が言うように、私たちは人権を尊重すべきです。付け加えると、誰が高齢で、誰がそうでないかを決めるのは不可能です。私たちは現実を見なければいけません。70歳を過ぎても、十分なスキルを持っている人もいます。また、若くても十分な身体能力や認知能力がない人もいます。70歳だからといって免許を返納させるのはおかしいです。例えば、私の祖母は72歳です。彼女は健康で、十分な技能もあります。彼女は決して制限速度を破ることはありません。多くの意味で、彼女は多くの若者よりも安全なドライバーです。したがって、私はこの提案には賛成できません。

Writing

サンプル解答2の分析

1. どちらの意見に寄っているか表明。

2. その学生の意見を極めて短く説明。

I lean toward Claire's opinion.

As she says, we should respect human rights.

3. 自分の意見を言う。

4. から**7.** 自分の意見の説明、展開をしっかりと。

I would add that it is impossible to decide who is old and who is not.

We have to look at the reality.

Some people are over 70 years old, and they have sufficient skills.

Other people are younger, but they may not have sufficient physical or cognitive skills.

It is not right to make someone return a license just because the person is 70 years old.

8. 例を書き始める。

9. から**11.** 例に具体性を入れ展開する。

For example, my grandmother is 72 years old.

She is healthy, and she has sufficient skills.

She never breaks the speed limit.

In many senses, she is a safer driver than many young people.

12. 最後に、自分の立場を再度簡潔に述べて締めくくり。

Therefore, I cannot agree with the proposed policy.

このライティング問題に関する重要ポイント

・一切改行することなく、一つのブロックで書きます。

・前置きはなくても減点されませんので無理して書く必要はありません。

・「エッセー」ではなく「投稿文」であるため、複雑すぎる構造、高尚すぎる単語の使用は控えましょう。

・幾分のフランクな表現や口語調は許容されますが、不適切なスラングをはじめ、アカデミックな場に適切でない表現は避けましょう。迷ったらより丁寧に。

・2人の学生のいずれかは引き合いに出してください。1人の学生にだけ言及しても構いませんし、2人の学生両方に言及しても構いません。採点基準上の優劣はありません。

・理由は二つ述べるより、一つだけに絞って、その一つを説明、展開していく方が賢明です。

・例が占めていい割合は、全体の30パーセントから35パーセント程度です（100語のライティングであれば例には30語から35語あたりが適切）。

典型的な流れ、テンプレート

This is not a simple question, but（定型文、省略可能）
I agree with ＿＿＿.（どちらの意見に賛成か述べる）
As he/she says, it is true that ＿＿＿.（その学生のアイデアを簡潔に）
In my opinion, ＿＿＿.（ここで自分オリジナルの意見を入れる）
＿＿＿.（説明文を足す）
If ＿＿＿, we can/can't ＿＿＿.（説明文を足す）
For example, ＿＿＿.（例を入れる）
All things considered, I personally feel that ＿＿＿.（コンパクトな締めくくり）

Academic Discussion では、「他の2人の学生が言っていることを参照しつつ、自分の意見を言う」という構造で書いていきましょう。「私の考えは○○さんの意見に近いです」という切り口で参照しましょう。あくまで「私はこう思う」と自分の意見を述べることが大事ですので、ゆめゆめ他人の意見をまとめただけで自分の意見がない、または少ししかない、という状況にならないようにしましょう。

例は入れてください。抽象的な一般論ではなく、「実際に私はこういう経験をした」という具体例が望ましいです。具体例は後半に配置するのがお勧めです。しっかりと自分の考えを説明、展開してからの例証です。説明も展開もろくにないままでの例証だと、読み手には脈絡のないライティングに見えてしまいます。

☑ 参考資料

サンプル解答では、80点を目標とする場合のものを掲載していますが、60点、80点、100点のターゲットスコア別にサンプル解答を記載します。見比べて、それぞれの目標点に合わせて参考にしてください。自分の目標点に合ったサンプル解答を基に練習することが大事です。

Writing

サンプル解答　60点ターゲット

I agree with Claire. As she says, we should respect human rights. I think there are many elderly people who are healthy. Some people are over 70 years old, and they are active. On the other hand, some people are 40 or younger, and they are not active. For example, my grandmother is 72 years old. She is healthy and active. She is a good driver. In contrast, my uncle is about 40, but he is very slow and not active. He is not a good driver. Therefore, I cannot agree with the proposed policy.
（95語）

私はクレアに賛成します。彼女が言うように、私たちは人権を尊重すべきです。元気なお年寄りはたくさんいると思います。70歳を過ぎても元気な人もいます。一方、40歳以下で活動的でない人もいます。例えば、私の祖母は72歳です。彼女は健康で活動的です。運転も上手です。対照的に、私の叔父は40歳くらいですが、スローであり、活動的ではありません。彼は運転がうまくありません。したがって、私はこのポリシーに賛成できません。

サンプル解答　80点ターゲット

I lean toward Claire's opinion. As she says, we should respect human rights. I would add that it is impossible to decide who is old and who is not. We have to look at the reality. Some people are over 70 years old, and they have sufficient skills. Other people are younger, but they may not have sufficient physical or cognitive skills. It is not right to make someone return a license just because the person is 70 years old. For example, my grandmother is 72 years old. She is healthy, and she has sufficient skills. She never breaks the speed limit. In many senses, she is a safer driver than many young people. Therefore, I cannot agree with the proposed policy.
（122語）

私の考えはクレアの意見に近いです。彼女が言うように、私たちは人権を尊重すべきです。付け加えると、誰が高齢で、誰がそうでないかを決めるのは不可能です。私たちは現実を見なければいけません。70歳を過ぎても、十分なスキルを持っている人もいます。また、若くても十分な身体能力や認知能力がない人もいます。70歳だからといって免許を返納させるのはおかしいです。例えば、私の祖母は72歳です。彼女は健康で、十分な技能もあります。彼女は決して制限速度を破ることはありません。多くの意味で、彼女は多くの若者よりも安全なドライバーです。したがって、私はこの提案には賛成できません。

※120ページの「サンプル解答2（80点ターゲット）」と同じ内容です。60点ターゲットおよび100点ターゲットとの比較のため再掲しています。

サンプル解答　100点ターゲット

I lean toward Claire's opinion. As she says, we should respect human rights. I would add that it is impossible to decide who is old and who is not. We have to look at the reality without being too subjective. We see people out there who are over 70 yet capable of doing things independently. We also see people who are younger, yet incapable of dealing with tasks in a sufficient way. Besides, many people have sufficient cognitive skills regardless of age. No justification can be found for forcing someone to return his/her license just because he/she has passed a certain age. For example, my grandmother is 72 years old. She is healthy with sufficient physical and cognitive skills. She never breaks the speed limit. She is a safer driver than many young people. All these things considered, I cannot concur with the proposed policy.

（145語）

私はクレア寄りの意見です。彼女が言うように、私たちは人権を尊重すべきです。付け加えると、誰が高齢で、誰がそうでないかを決めるのは不可能です。私たちは主観的になりすぎず、現実を見なければいけません。世の中には70歳を過ぎても自立して物事をこなせる人がいます。また、若くても十分な対応ができない人もいます。さらに、年齢に関係なく十分な認知能力を持っている人も多くいます。単にある年齢を超えたからという理由だけで、誰かに免許返納を強制する正当な理由は何らありません。例えば、私の祖母は72歳です。彼女は身体能力も認知能力も十分で健康です。決して制限速度を破ることはありません。多くの若者よりも安全な運転手です。これらのことを考慮すると、私はこの提案されたポリシーに賛成できません。

▮ 他にも出題が予想される類似問題

Should schools focus on individual competition or teamwork?（学校は個人競技を重視すべきか、チームワークを重視すべきか）

Should companies prioritize employee satisfaction or customer satisfaction?（企業は従業員満足度を優先すべきか、顧客満足度を優先すべきか）

Should governments invest more in renewable energy or improving existing energy infrastructure?（政府は再生可能エネルギーにもっと投資すべきか、それとも既存のエネルギーインフラを改善すべきか）

Is it important for young people to vote even if they have little knowledge about politics?（政治に関する知識がほとんどなくても、若者が投票することは重要か）

Writing

　実際に過去に出題されている問題を参考に類問を作成しました。トピックやパターンは本質的には本番に極めて近いものです。アイデア出しの練習、説明や例を挙げる練習に使用しましょう。また、テンプレートを適切に調整しながら使う練習にも使えます。

サンプル問題と解法

Column　　　　　　　　　　　　　　脇目も振らず視写せよ

　ライティングセクションの効果的な対策法ですが、結論からいうと視写になります。サンプル解答を視写しましょう。

　この書籍には、目標点に合わせてサンプル解答が複数用意されています。そのサンプル解答をぜひ書き写してください。言語や表現というのは、自分で発明することができません。母国語の日本語でさえ、あなたが発明した言葉、表現というのはありません。すべての言葉、表現は、人生のどこかで聞いたこと、読んだことをまねして同じように使っているだけです。

　言語の本質というのは、例に倣うということです。母国語の日本語でさえそうしているのです。
　第2言語になった途端、自分なりの独創性を持った表現をしていくなどといった思考は絶対に機能しません。それはそもそも言語の本質ではありません。ではどうするかというと、例に倣うということが鉄則であるわけですから、サンプル解答に倣って、視写をしましょう。

　視写時の注意ですが、ボーッと機械的に視写をするのではなく、「この単語はこう使うのか」「この構造は自分も使ってみよう」といったように、アクティブに頭を働かせながら視写をしてください。同じサンプル解答を10回は視写することをお勧めします。そうすることにより、思考やロジックではなく、感覚的にスピーディーに書ける文章というのも増えてきます。時間制限があるTOEFLテストにおいては、ある程度のスピード感を持って書いていくというのが大事です。とにかく視写をして、自分がスピーディーに自信を持って使える単語、文の形を広げていきましょう。

　これはスピーキング、ライティング共通で言えることですが、TOEFLでは、「読んだこと、聞いたことをまとめる」という問題が過半数です。ですので、もちろんスピーキング、ライティングの対策は進めていきますが、リーディング、リスニングの力も総合的に上げていくことで、スピーキング、ライティングの点数も上がっていきます。偏った対策でなく、バランスが取れた対策を進めていきましょう！

模擬試験　解説編

正解一覧	…………………………	128
Reading	…………………………	129
Listening	…………………………	142
Speaking	…………………………	173
Writing	…………………………	186

正解一覧

Reading

Passage 1

Q1	C
Q2	A
Q3	A
Q4	C
Q5	D
Q6	C
Q7	B
Q8	A
Q9	B
Q10	B D F

Passage 2

Q11	D
Q12	B
Q13	A
Q14	D
Q15	D
Q16	B
Q17	C
Q18	C
Q19	D
Q20	B D F

Listening

Conversation 1

Q1	D
Q2	C
Q3	B
Q4	C
Q5	A

Conversation 2

Q18	C
Q19	A
Q20	B
Q21	D
Q22	A D

Lecture 1

Q6	A
Q7	C
Q8	A
Q9	B
Q10	A D E
Q11	D

Lecture 3

Q23	A
Q24	D
Q25	C
Q26	B D
Q27	C
Q28	B

Lecture 2

Q12	B
Q13	False / True / False / False
Q14	C
Q15	A
Q16	C
Q17	A

Reading

Passage 1

> パッセージの訳

オオカバマダラの移動パターン

本能であれ自然界の奇跡であれ、人間の理解が到達できない生き物の行動というのは尽きることはない。オオカバマダラ（*Danaus plexippus*）は、鮮やかなオレンジ色と黒色の羽が特徴で、その長さは約10センチメートルにも及ぶ。このチョウはその驚異的な渡りで有名で、それは動物界で最も驚くべき次元のものである。毎年、何百万ものオオカバマダラが、越冬地であるメキシコ中部と繁殖地である北米の間を、何千キロにもわたり移動する。1世代で渡りを行うほとんどの種とは異なり、オオカバマダラの移動は複数世代にわたる。春になると、オオカバマダラはメキシコから北上を開始し、カナダ南部まで移動する。

この旅はいくつかの段階を経て行われ、異なる世代が異なる行程を担っている。第1世代は通常、メキシコからアメリカ南部へと移動し、そこで成虫は卵を産んで息絶える。この卵が孵化してイモムシとなり、やがて次世代のオオカバマダラの成虫となる。これらの新しい成虫は、北への移動を続け、オオカバマダラが移動範囲の最北端に達するまでこのプロセスは繰り返される。スーパー世代とも呼ばれる最後の世代は、この全旅路が始まった場所への帰還を担う世代だ。寿命が4、5週間と短い先行世代とは異なり、このスーパー世代は最長で8カ月も生き、これは1世代で一気に南下移動を完了するのに十分な期間である。

スーパー世代が夏の世代よりもはるかに長生きである理由は複数ある。最も重要な要因の一つは、羽化して成虫になった後、性成熟を遅らせるというものである。交尾と産卵を遅らせることで、エネルギーを節約することができる。交尾や産卵にエネルギーを費やすよりも、長い移動に集中できるということだ。このエネルギーの節約法は生殖休止と呼ばれる。生殖休止に加えて、スーパー世代のオオカバマダラには代謝の変化も見られる。渡りの間、涼しい気候を移動するため、代謝速度が遅くなり、そのため、より暖かく代謝負荷の高い環境にある通常の世代よりも、さらにエネルギーを節約し長生きすることができるのだ。第3に、日光の量もスーパー世代のオオカバマダラの寿命延長に同様に重要な役割を果たしている。夏の終わりに羽化するタイミングは、日照時間が短くなる時期と一致している。(A) これが変化し続ける環境により適応するための一連の生理学的反応を引き起こす。(B) 結果としてより長く生きることが可能になるのだ。(C) この最適な時期に、繁殖モードではなく渡りモードに入ったスーパー世代のオオカバマダラは、一度に超長距

129

離を移動しようと試みるのだ。(D)

オオカバマダラの渡りの最も魅力的な側面の一つは、チョウが行う正確なルート選びである。これまでそのルートを一度も通ったことがないにもかかわらず、各世代はどこに向かうべきか正確に知っており、何世代にもわたってオオカバマダラが使ってきたルートをたどるのだ。科学者たちは、この驚異的な能力は環境的なヒントと生物学的な内部メカニズムの組み合わせによるものだと考えている。オオカバマダラの航行能力の中で最も重要なものの一つは、地球の磁場を感知する能力であり、これによってオオカバマダラは南下する方向を維持することができる。さらに、オオカバマダラは太陽の位置も旅の道しるべにしている。研究者たちは、オオカバマダラは1日を通して太陽の位置によって向きを調整できることを発見している。この複雑な航行システムにより、オオカバマダラは、たとえ個々のチョウがその旅をしたことがなくても、広大な距離を横断するルートを見いだすことができるのだ。

オオカバマダラの一生は、オオトウワタという特定の植物種と密接に結びついている。オオカバマダラのイモムシはもっぱらオオトウワタという植物を食べるのだが、オオトウワタは栄養を供給するだけでなく、防御機能も与えてくれる。オオトウワタにはカルデノライド（強心配糖体）として知られる有毒化合物が含まれており、イモムシは成長するにつれてこれを体内に蓄積していく。この毒素は、イモムシ、そしてイモムシから羽化するチョウの成虫を、捕食種が好まない味にしていく。この防御機構は非常に効果的であるため、多くの鳥やその他の捕食者はオオカバマダラを食べることを避けるようになるのだ。これらすべての要因が、オオカバマダラの驚くべき渡りを個性的なものにしているのだ。

Q1 オオカバマダラの移動が特別である理由は何か。

(A) 体長がわずか10センチメートルの大きさだから

(B) 数百万匹が同時に移動するから

(C) 多世代にわたって目的地に到達するから

(D) 目的地が出発地よりも寒いから

正解：C

🔍解説　第1段落後半で、「1世代で渡りを行うほとんどの種とは異なり、オオカバマダラの移動は複数世代にわたる」という記載があります。英語原文では、Unlike most migratory species（他の渡りを行うほとんどの種とは異なり）という表現からも、複数世代にわたって移動する、ということが特別なことであるとわかります。(B) と (D) は情報としては正しい情報ですが、「オオカバマダラの移動が特別である理由は何か」という問いへの解答にはなっていません。選択肢を見てから解くアプローチだと、複数の選択肢がよく見えて、消去法で迷ってしまうことが増えます。ですので、「このチョウの特別なところは…」と先に理想的模範解答を描いてから選択肢を確認しましょう。

130

Reading

Q2 文中の make its way という表現の意味に最も近いものはどれか。

(A) 前進する

(B) 発達する

(C) 飛ぶ

(D) 成功する

正解：A

解説 語彙問題では、1単語ではなく、この問題のように熟語やフレーズレベルで出題されることもあります。make one's way は、その道を作っていく、という原意から、その道を進む、という意味の熟語表現になります。その熟語を知らなくても、それぞれの単語が持っている意味から想像できるニュアンスを手掛かりに予想すると、ランダム解答よりは正解率も上がります。

Q3 次のうち、第2段落と第3段落の機能的な関係を最もよく表しているものはどれか。

(A) 第2段落はスーパー世代について述べ、第3段落はその特徴を説明している。

(B) 第2段落は移動のパターンについて説明し、第3段落は具体例を挙げている。

(C) 第2段落はオオカバマダラの生態系について説明し、第3段落はその独自性を指摘している。

(D) 第2段落は地理的な情報を示し、第3段落は具体的なデータを挙げている。

正解：A

解説 第2段落は、普通の世代とスーパー世代の大まかな対比がされています。第3段落では、スーパー世代は性成熟が遅いのでエネルギー消費を抑えられ、そのため長寿となる、といったスーパー世代の特徴を具体的に説明しています。これを最も的確に表しているのは (A) です。(B) については、前半の「移動のパターンについて説明」というのは正しいのですが、第3段落は、「移動のパターンの具体例」の話ではないので、この部分が誤りです。

Q4 第3段落において、オオカバマダラのスーパー世代について述べられていることとして正しくないものは次のうちどれか。

(A) 他の世代とは寿命が異なる。

(B) メキシコに戻る移動を担当している。

(C) 移動を始める前に交尾する。

(D) 繁殖を遅らせてエネルギーを節約する。

正解：C

解説 スーパー世代は、性成熟を遅らせ、交尾と産卵を遅らせることでエネルギーを節約する、ということが述べられています。(C) の「移動を始める前に交尾する」というのはこれ

模擬試験　解説編

131

と真逆であり、本文でも述べられていないことです。よって、書かれていないものはどれ?というこの EXCEPT 問題では、(C) が正解となります。

Q5 本文の強調された文の本質的な意味を最もよく表しているものはどれか。不正解の選択肢は重要な意味を変更したり、重要な情報を省略したりしている。

(A) それぞれのオオカバマダラはルートを知らなくても、他の世代が正しい道を示す。

(B) 数え切れない世代のオオカバマダラが移動したため、新しい世代は飛行ルートを知っている。

(C) 新しい世代は過去の世代が通ったことのないルートを決してたどらない。

(D) 経験がなくとも、それぞれのオオカバマダラは過去の世代が通ったルートをたどる。

正解：D

解説 ハイライトされた文はこちらです。

Despite having never traveled the route before, each generation knows exactly where to go, following a route that has been used by monarchs for countless generations.

Despite ～「～にもかかわらず」、have never traveled「まったく旅したことがない」、ここまでで、「まったく旅したことがないにもかかわらず」となります。each generation knows exactly where to go は特にひねりはなく、「それぞれの世代はどこに行くべきか知っている」です。following は and it follows を分詞構文化したもので、「そして～する」と読解します。「そして、多くの世代が使ったルートをたどる」となります。これをくっつけると、「まったく旅したことがないにもかかわらず、それぞれの世代はどこに行くべきか知っており、多くの世代が使ったルートをたどる」という意味になります。これを最も適切に要約しているのは (D) となります。この要約問題も、選択肢を見る前に先に理想の正解像を掲げておくと惑わされにくくなります。

Q6 第4段落において、オオカバマダラのナビゲーション能力について推測できることは何か。

(A) 環境要因が生物学的要因よりも大きな影響を与える。

(B) 航行能力は先天的というよりも後天的に学習されるものである。

(C) オオカバマダラは移動中に複数の要因を統合することができる。

(D) このレベルの航行能力は他の種には見られない。

正解：C

解説 本文中で、オオカバマダラは「磁場」を感知する能力もあり、また「太陽の位置」も参照していると述べています。複数の要因を踏まえて移動しているという説明となっており、(C) が正解となります。What can be inferred?（何が推測されるか）という問題ですが、直接的に「複数の要素を頼りにしている」という情報が書いてあります。TOEFL では、本番

Reading

の推測問題でも、「推測」というより「直接言及」に近い選択肢が正解となることがよくあります。推測ではなく直接言及だから NG、という切り捨て方はしないようにしましょう。

Q7 文中の intimately という言葉に最も近い意味はどれか。

(A) 正式に

(B) 密接に

(C) 広範囲に

(D) 曖昧に

正解：B

解説 形容詞で intimate relationship（近い関係）というように、関係性や心の距離感が近いときに使う言葉です。

Q8 第5段落で著者が「カルデノライド」を挙げている理由は何か。

(A) オオカバマダラの幼虫が捕食者からどのように守られているかを説明するため

(B) 捕食種にとってオオトウワタが危険であることを示唆するため

(C) オオトウワタがチョウの繁殖に果たす役割を説明するため

(D) 幼虫が食べる中で最も栄養価の高い植物を示すため

正解：A

解説 このチョウが食べる「オオトウワタ」という植物には、「カルデノライド」と呼ばれる有毒化合物が含まれており、この化合物が体内に蓄積され、イモムシやチョウが捕食種の好まない味になっていく、すなわちカルデノライドは防御の役割を果たしているという説明があります。これを正確に表した (A) が正解です。書いてないことを勝手に発想して (B) を選ばないように注意しましょう。

Q9 **指示：**次の文をパッセージのどこに書き加えられるかを示す四つの［■］に注目しなさい。

例えば、CRY タンパク質の調整により、彼らはよりよく概日リズムを調整できるようになる。

この文はどこに最も当てはまるか。

四角［■］をクリックして、その文をパッセージに追加しなさい。

正解：B

解説 行き当たりばったりで探すのではなく、「例えば、CRY タンパク質の調整により、彼らはよりよく概日リズムを調整できるようになる」の前後にどういう文が来るべきかをまず考

模擬試験　解説編

133

えましょう。前には、「体内で生理学的な変化が起こる」という趣旨の文が来ていると思われます。その例えとして CRY タンパク質がうんたらかんたらと言っているのです。そして、この太字の文以降には、「概日リズムをうまく調整できると、何が起こるのか、そのメリットや結果は何か」という情報が続きそうに思われます。この考察をもって、選択肢を見てみます。二つ目に入れると、以下のように自然な流れができます。

日照時間が短くなると、一連の生理学的反応を引き起こす。→例えばタンパク質の調整が起こり、リズムを調整できるようになる。→結果として長生きできる。

Q10 **指示：** 次の文は本文の要約の冒頭文である。本文の中で最も重要な考えを表す選択肢を三つ選び、要約を完成させなさい。いくつかの文は本文にない、あるいは重要度が低い内容を表しているため、要約にはふさわしくない。この質問の配点は2点である。

解答の選択肢をドラッグして適切なスペースに移動しなさい。

オオカバマダラは複数の世代にわたって北に移動するが、南に戻る際はたった1世代で完結する。

A 移動の出発点はメキシコ南部で、到着地点はカナダ北部である。
B 性的成熟を遅らせエネルギーを節約することで、オオカバマダラは寿命を延ばすことができる。
C オオカバマダラは移動の際、太陽の位置と明るさを頼りに向かう先を決める。
D 正確な航行能力は磁場などの自然の手掛かりを感じ取る能力に基づいている。
E 過去の世代が移動ルートの手掛かりを提供し、それが移動の成功に貢献している。
F 食べる植物の成分がチョウの味をまずくし、それが捕食者に対する効果的な防御になる。

正解：BDF

解説 Aは事実ではありません。正しい情報は、メキシコ中央部からカナダ南部までの渡りになります。
Bは適切な要約の一部です。第2段落中盤から、第3段落前半をまとめています。
Cは事実ではありません。太陽の位置は参考にしますが、明るさを参考にするとは書いてありません。
Dは要約の一部です。該当箇所は第4段落になります。
Eは事実ではなく記載もありません。過去の世代は手掛かりを提供することはなく、各世代は太陽や磁場という自然のヒントを基に進む先を見極めると第4段落にあります。
Fは適切な要約の一部です。第5段落に、外敵からの防御のメカニズムの説明があり、その中で記載されている内容です。

これら三つの選択肢が正解の組み合わせとなります。Dについては要約を構成する文としては

Reading

幾分小さすぎるという印象は受けます。このように感じた場合には、いったん三角で保留にしておきます。他により適切な選択肢があれば、細かすぎる情報の断片にすぎないのだろうと切り捨てます。逆に、他によりよい選択肢がなければ、断片的な気もするが他の選択肢が間違いだから、正解と取るしかないと判断します。本番ではいずれのケースもあり得ます。今回は、A, C, Eが明らかに間違いなので、幾分詳細すぎるけれども、Dを正解に含めます。

Passage 2

(パッセージの訳)

ゴシック建築の発展

ゴシック建築様式は、12世紀にフランス北部で生まれ、16世紀までにヨーロッパ各地に広がった。ゴシック建築様式は、それ以前のロマネスク様式とは大きく異なるものであった。ロマネスク建築は重厚で堅牢な形と丸いアーチを特徴としていたのに対し、ゴシック建築は、より高く、軽量で精巧な構造を可能にする革新技術を取り入れた。ゴシック建築の最も特徴的な要素の一つは尖頭アーチであり、ロマネスク建築の円形アーチとは異なるものである。尖頭アーチにより、建築家はより高く安定した建物を建てることができるようになり、また美的な違いももたらされた。

ゴシック建築におけるもう一つの画期的な革新が、フライングバットレスである。フライングバットレスが開発される前は、石造りの重い屋根の重量を支えるために厚い壁が必要だった。これらの壁には窓を設けるスペースがほとんどなかったため、ロマネスク様式の教会の多くは、完全に暗闇でないにせよ、薄暗いものだった。ゴシック建築の建築家たちは、フライングバットレス（屋根の重量を壁から地面へと伝達する外部支柱）を用いることでこの問題を解決した。フライングバットレスによって建物の外側に重量を分散させることで、建築家たちはより大きな窓や薄い壁を取り入れることができた。これにより、ゴシック大聖堂の内部には軽やかさと開放感が生まれたのだ。次第にフライングバットレス自体も、複雑な彫刻や像で飾られるなどして装飾的な要素となり、かつては純粋に機能的な構造であったものが芸術的な特徴へと移り変わっていった。

(A) ゴシック建築のもう一つの特徴は、垂直性の強調であろう。ゴシック様式の大聖堂は、時代とともにどんどん高くなっていった。(B) この垂直構造は、単に形の面で好まれたのではなく、当時の宗教的理想を反映したシンボルのようなものでもあった。(C) 建物の高さは、人間が住む地上と神々が存在する天とのつながりを表現するためのものであった。(D) 大聖堂内部の柱の垂直なラインはこの効果を強め、建物が地に根を下ろしつつも天へと伸びている印象を与えている。ゴシック建築の垂直性は、尖頭アーチやフライングバットレスといった当時の技術革新によって実現したものである。ドイツのウルム大聖堂のようなゴシック大聖堂は、その高さとデザインで現代の来訪者にも感銘を与え続けている。

135

こうした構造的な要素に加えて、ステンドグラスの窓もゴシック建築の特徴となった。芸術的な窓は、芸術的で美的な要素として重要な役割を果たすようになる。前の時代に建てられた教会では、厚い壁の強度を保つために小さな窓が用いられた。対照的に、次の世代の建築家はフライングバットレスなどの技術を駆使して、内部に光を取り込むことができる大きなガラス面を作り出すことができた。ステンドグラスの窓は美しいだけでなく、自然光を取り入れつつもスピリチュアルな雰囲気を醸し出すなど、機能的な面もあった。ステンドグラスから差し込む色彩と光はゴシック大聖堂の内部空間を一変させ、礼拝者にインスピレーションを与えた。これらの窓には聖書のシーン、聖人の生涯、または重要な歴史的出来事が描かれていた。ある意味では、当時の識字率が低かった人々に教育を与えるための教科書や絵本のような役割も果たしていた。

彫刻や装飾はゴシック建築において重要な役割を果たし、もとより印象的であった建物にさらに意味と美しさを加えた。ゴシック大聖堂は、聖人や聖書の登場人物を描いた精緻な彫刻で覆われていることが多い。多くの場合、こうした彫刻は鮮やかな色彩で彩られていたが、時を経てその多くが失われてしまっている。建築、ステンドグラス、彫刻が融合したゴシック大聖堂は、ヨーロッパにおいて最も精巧で視覚的に魅力的な建築物の一つとなった。こうした素晴らしい構造物の建設が可能となったのには、12世紀から16世紀までが比較的平和な時代にあり、芸術と技術が開花していったという背景もある。建築家や技術者が革新開発に力を注ぐための基盤がなければ、これらの建物は今の姿で存在していないだろう。

Q11 第1段落において、ロマネスク建築について述べられている内容として正しくないものは次のうちどれか。

(A) ゴシック建築様式よりも先に現れた。

(B) 重厚で堅固な形状をしていた。

(C) 丸みを帯びたアーチを用いた。

(D) 軽さと高さを強調していた。

正解：D

解説 ロマネスク建築は、ゴシック建築よりも前の建築様式で、重厚で堅固な形が特徴的な、丸みのあるアーチが用いられた様式であると記述されています。すなわち、(A), (B), (C)はすべて記載されています。他方で、軽さと高さを強調しているのは、ロマネスク建築ではなくゴシック建築です。(D)は本文の内容と逆の内容となっており、これが正解となります。

Reading

Q12 第1段落によると、ゴシック建築において尖頭アーチが重要な革新とされた理由は何か。

(A) 構造に影響を与えることなく、建物を視覚的に魅力的にしたから。

(B) 建物をより高く、より安定させることができたから。

(C) 外部の支え構造が不要になったから。

(D) ロマネスク様式とは異なる美的スタイルを追求したから。

正解：B

解説 第1段落の最後の文で、尖頭アーチによってより高く安定した建物を建てることができるようになった、という説明があり、ここから (B) が正解であると特定できます。(D) の選択肢には、aesthetic や Romanesque といった、本文中に出てきている単語が複数入っているので、正解のように見えるかもしれませんが、根本的に意味を考えてみると正解ではないと判断できます。この単語を見た気がするから、という局所的な視点で選択肢を選ぶのではなく、文そのものの意味を考えて選びましょう。

Q13 第2段落によると、フライングバットレスの主な機能は何か。

(A) 屋根からの下向きの力を分散させるため

(B) 建物全体の構造を簡素化するため

(C) 建物に入る光の量を最大化するため

(D) 建物の外観を装飾するため

正解：A

解説 第2段落で、フライングバットレスは、構造体の屋根の重みを壁から地面に伝えて、その構造体を安定させたと理解することができます。そのため正解は (A) です。壁がすべての重みに耐える必要がなくなったので、壁は薄くなり、より大きな窓も設置することが可能になった、という記述です。建物に入る光量は増えたので、(C) も正しく見えるかもしれませんが、あくまで主な機能は構造体の安定性強化であり、窓が大きくなり光量が増えたのは、その二次的な結果です。(C) に理がまったくないわけではありませんが、(A) に勝る best answer ではありません。

模擬試験　解説編

Q14 本文の中においてハイライトされた文の本質的な意味を最もよく表しているものは次のうちのどれか。不正解の選択肢は重要な意味を変えたり、重要な情報を省略したりしている。

(A) フライングバットレスは主に装飾的な役割を果たし、建築における機能的役割は二次的になった。

(B) フライングバットレスの機能的役割は徐々に、ゴシック大聖堂の装飾的な要素としての役割に置き換えられた。

(C) フライングバットレスを作る職人たちは、美的要素を追求し始め、次第に芸術的価値が加わった。

(D) フライングバットレスは当初、構造的支えとして設計されたが、やがて彫刻や像を含む芸術的な要素になった。

正解：D

解説 ハイライト箇所は以下です。

Gradually, the flying buttresses themselves became decorative elements, often adorned with complex carvings and statues, turning what was once a purely functional aspect of architecture into an artistic feature.

the flying buttresses themselves became decorative elements の部分は「フライングバットレス自体が装飾の要素を持ち始めた」となり、turning からの分詞構文で、「かつては純粋に機能的なものだったものを芸術的なものに変えた」という大意になっています。これを的確に表しているのは (D) で、これが正解となります。要約問題は、やはり最初に理想的な解答を頭に描いて、それに合う選択肢を選ぶ、というのが最善の解き方です。

Q15 第3段落で述べられている建物の高さについて推測できることは何か。

(A) 建物が高いほど、ステンドグラスの窓が多かった。

(B) 人々は神々が大聖堂の最も高い所にいると信じていた。

(C) ウルム大聖堂は現代の改修により高さが増している。

(D) 宗教的な価値観が建築デザインに大きな影響を与えることがある。

正解：D

解説 本文中に、「垂直構造は、当時の宗教的理想を反映したシンボルのようなものでもあった」と正解である (D) に直結する記述が比較的明瞭になされています。さらに、地上にいる人間と天空に存在する神のつながりが垂直の高さをもって表現されている、と説明があり、宗教観が建築に影響を与えている様子が読み取れます。

Reading

Q16 第4段落において、ステンドグラスの窓について述べられている内容として正しくないものは次のうちどれか。

　　(A) 読み書きのできない人々のための教育ツールとして機能した。

　　(B) ゴシック大聖堂の構造的支えを加えるために使用された。

　　(C) 鮮やかな色彩で独特の雰囲気を生み出した。

　　(D) 宗教的または歴史的な場面を描くことが多かった。

正解：B

解説 (B) が明らかに誤った情報であり、これが正解となります。大聖堂の構造的な支えとして機能しているのは、尖頭アーチやフライングバットレスであり、ステンドグラスの窓ではありません。他の選択肢はすべて第4段落で明確に記述されています。

Q17 文中の elaborate という単語に最も近い意味はどれか。

　　(A) 高価な

　　(B) 巨大な

　　(C) 複雑な

　　(D) 珍しい

正解：C

解説 elaborate は形容詞で「入念に作られた、精巧な」という意味で使われます。これに一番近いのは、(C) complex「複雑な」であり、これが正解です。入念に精巧に作った作品が高価になったり、大きな作品になったり、珍しさを生むことはありますが、elaborate「精巧な（非常に細かいところまで入念に作られている様）」という意味とは本質的に違うものです。

Q18 第5段落で著者が12世紀から16世紀の比較的平和な時期について述べている理由は何か。

　　(A) ゴシック建築が宗教的テーマに焦点を当てた理由を説明するため

　　(B) 戦争が最終的にゴシック建築の発展を制限したことを示唆するため

　　(C) 社会状況が芸術と技術の進歩にどのように影響するかを示すため

　　(D) 平和が貴重な建築物を保存するために必要不可欠であると主張するため

正解：C

解説 平和な時代だったので、芸術も技術も発展していけたと記述があります。社会が平和かどうか（社会状況 =social conditions）が芸術や技術の進歩に影響がある、と読み取ることができ、(C) が正解となります。TOEFL では、抽象度が高い、もやっとした選択肢が正解になることはよくあります。(C) は「affect（影響を与える）」という言葉を使っており、パッセージの原文にあった、「allowed art and technology to flourish（芸術や技術を開花させた）」という直接的な表現を使っていません。かなり抽象度が高い選択肢ではありますが、間違った

模擬試験　解説編

139

ことを言っている選択肢ではありません。こういう選択肢を、抽象度が高いという理由で切らないようにしましょう。

※重要

(D) には釣られそうですが違います。あくまで、芸術や技術の「発展、進歩」のために平和な時代が貢献したという記述であり、建築物の「保存」のために貢献した、とは書いてありません。実際には保存にも貢献した可能性は高いですが、そうは書いてはありませんので、ここで (C) を差し置いて正解とすることはできません。最後に none of these buildings would be standing as they are という記述がありますが、「平和がなければ建築物の保存がなされないので、現存する形では建っていないだろう」と言っているのではありません。「平和がなければこうした建築物の建設にたどり着くことはできなかったので、現存する形では建って残っていないだろう」と言っているのであり、この角度から見ても (D) を正解とすることはできません。

※超重要

それでも (D) を正解と見なしてほしいという気持ちが残る場合は、自我や固執は捨てて、TOEFL 作成側が良しとする思考に自分を添わせてください。夢や目標の実現を目指して受けているはずです。TOEFL 作成者と対立するのではなく、ゴールに向かってください。

Q19 指示：次の文をパッセージのどこに書き加えられるかを示す四つの［■］に注目しなさい。

この高さへの強調は、内部空間にも反映されている。

この文はどこに最も当てはまるか。
四角［■］をクリックして、その文をパッセージに追加しなさい。

正解：D

解説　「この高さへの強調は、内部空間にも反映されている」の前後にどういう文が来るべきか、とまず考えましょう。前には、「このくらいの高さがあった」という趣旨の文が来ていると思われます。内部空間にも反映されている、に続く文としては「このように内部空間にも反映が見られた」と詳細が来るであろうと予想できます。この考察をもって、選択肢を見てみます。四つ目に入れると、以下のように自然な流れができます。

建物の高さは人間が住む地上と神々が存在する天とのつながりを表現する。→この高さへの強調は、内部空間にも反映されている。→大聖堂内部の垂直ラインは、建物が天に伸びる印象を与えた。

Reading

Q20 **指示：**次の文は本文の要約の冒頭文である。本文の中で最も重要な考えを表す選択肢を三つ選び、要約を完成させなさい。いくつかの文は本文にない、あるいは重要度が低い内容を表しているため、要約にはふさわしくない。この質問の配点は2点である。

解答の選択肢をドラッグして適切なスペースに移動しなさい。

ゴシック建築の発展は、ヨーロッパの建築デザインに大きな変化をもたらした。

A 先端技術の利用により、ゴシック大聖堂はロマネスク構造よりも機能的で装飾が少なかった。

B 新しいタイプのアーチとバットレスにより、ゴシック大聖堂は印象的な高さに達することができた。

C より高い建物は低い建物よりも、宗教的に価値があると考えられていた。

D 人々は建物自体の高さを神々と人間の関係に結びつけた。

E ステンドグラスの窓は美的価値を高めたが、教育的価値はほとんどなかった。

F 装飾的な要素全体が宗教的および歴史的な見解を人々に伝えた。

正解：BDF

解説 Aは事実ではありません。機能的ではありましたが、装飾が少なかったという記載はありません。

Bは適切な要約の一部です。第1段落、第2段落、第3段落を広範囲にまとめています。

Cは事実ではありません。宗教観が建築物に影響を与えたということはうかがえますが、高ければ高いほど価値があるという説明はありませんでした。

Dは要約の一部です。該当箇所は第3段落で、地上の人間と天空の神々とのつながりを表すものだったと説明されています。

Eは本文中とは真逆を言っている、間違った情報です。読み書きができない人たちに教育を提供する役割もあったと第4段落の最後に書かれています。

Fは適切な要約の一部です。この選択肢にある Decorative elements（装飾的な要素）というのは第4段落で述べられているステンドグラスと、第5段落で述べられている彫刻を指します。第4段落、第5段落をカバーする文です。

模擬試験　解説編

Listening

Conversation 1 🔊 23-28

Listen to part of a conversation between a student and a career advisor.

[1] **Student:** Hi! Thank you very much for taking time for me.

[2] **Advisor:** No problem! I'm always happy to help. So, what's on your mind today?

[3] **Student:** I'm interested in finding an internship for the summer, and I was hoping you could guide me through the first steps.

[4] **Advisor:** Of course! That's my job. Internships are a great way to gain hands-on experience. Have you already looked into any specific opportunities?

[5] **Student:** Yes. I've looked at a few postings online, but I'm not sure which ones would be a good fit for me. I'm studying psychology, but I'm particularly interested in human behavior. Like how people are influenced by advertisements or postings found online.

[6] **Advisor:** Sounds interesting! Psychology has lots of applications including behavioral psychology as you mentioned, doesn't it? Well, there must be many types of internships, from digital marketing to market research. Customer behavior analysis can be interesting. Do you have a preference?

[7] **Student:** I think digital marketing sounds exciting. I'm interested in social media, SEO, and things like that. Adjusting things like the title of a web page and seeing how it affects viewers' behavior… It looks like a lot of fun.

[8] **Advisor:** Great! There are a lot of companies looking for interns in that area. Have you prepared a resume and cover letter yet?

[9] **Student:** I have a resume, but I'm not sure if it's strong enough. I haven't had any internships before. Just some part-time jobs on campus…

[10] **Advisor:** That's perfectly fine. Many students start with little or no formal experience. The key is to highlight the skills you've developed from those part-time jobs. Do you have other experience? Something like, you managed

Listening

social media for any clubs or organizations?

[11] **Student:** Actually, I did! I ran the social media account for the school's film club last year.

[12] **Advisor:** That's excellent. You can mention that on your resume. Employers will appreciate that you've applied your skills in a real-world setting, even if it wasn't a paid position.

[13] **Student:** Oh, I didn't realize that could count. I'll definitely include it.

[14] **Advisor:** Absolutely. Also, when you write your cover letter, be sure to explain why you're interested in digital marketing specifically. Employers want to see your motivation.

[15] **Student:** That makes sense. I guess I've been focusing too much on the fact that I don't have business experience.

[16] **Advisor:** Yes, everyone has to start somewhere. Just be confident and show that you're eager to learn. Another tip. Try reaching out to alumni who work in marketing. Networking can sometimes lead to opportunities that aren't posted online. On many occasions, it all boils down to who you know.

[17] **Student:** That's a new insight. I haven't thought of that. But I mean… How can I approach alumni? I don't have any personal connections with the alumni.

[18] **Advisor:** You can find alumni through our school's career network. When you reach out, introduce yourself, mention that you're a current student, and express your career interest. Many alumni are happy to offer advice or let you know about internship openings at their companies.

[19] **Student:** I'll definitely give that a try.

模擬試験　解説編

(スクリプトの訳)

学生とキャリアアドバイザーの会話を聞きなさい。

[1] **学生：**こんにちは！　お時間をいただきありがとうございます。

[2] **アドバイザー：**いつでも大丈夫ですよ。それで、今日はどうしたんですか。

[3] **学生：**夏のインターンシップに興味があるのですが、最初の手順を教えていただけませんでしょうか。

143

[4] **アドバイザー：**もちろんです！ それが私の仕事ですからね。インターンシップは実地経験を積むのに最適な方法です。具体的にどんなインターンに応募するかもう調べてみましたか。

[5] **学生：**はい。ネットでいくつか募集要項を見ましたが、どれが自分に合うかわからないんです。私は心理学専攻ですが、特に人間の行動に興味があります。人がネットで見つけた広告や投稿にどう影響されるか、とか。

[6] **アドバイザー：**面白そうですね！ あなたが挙げたような行動心理学も含め、心理学はたくさんの応用が可能ですよね。デジタルマーケティングから市場調査まで、インターンシップの種類はたくさんあるはずです。顧客行動分析も面白そうですね。希望はありますか。

[7] **学生：**デジタルマーケティングが面白そうですね。ソーシャルメディアとか、SEO とか、そういうのに興味があります。ウェブページのタイトルなどを調整して、それが閲覧者の行動にどう影響与えるかを見る…。とても楽しそうです。

[8] **アドバイザー：**いいですね！ その分野でインターンを探している企業はたくさんあります。履歴書とカバーレターはもう用意しましたか。

[9] **学生：**履歴書はありますが、十分な内容になっているかわかりません。インターンシップの経験はありません。学内でアルバイトをしたことがあるだけです…。

[10] **アドバイザー：**大丈夫ですよ。多くの学生はほとんど、あるいはまったく正式な職務経験がないところから始まります。大切なのは、そのアルバイトで培ったスキルをアピールすることですね。他に経験はありませんか。例えば、クラブや団体の SNS を管理した、というような。

[11] **学生：**ああ、やっていました！ 去年、学校の映画クラブの SNS のアカウントを管理していました。

[12] **アドバイザー：**それは素晴らしいですね。履歴書に書くことができます。有給でなくても、実際に社会であなたのスキルを活用したことは、雇用側に評価されるでしょう。

[13] **学生：**そうなんですね、そういうのも含めていいなんて知りませんでした。ぜひ入れておきます。

[14] **アドバイザー：**そうしましょう。また、カバーレターを書くときには、なぜ特にデジタルマーケティングに興味があるのかを説明するようにしてください。採用担当者はあなたのやる気を見たいのです。

[15] **学生：**そうですね。私は実務経験がないことを意識しすぎていたのかもしれません。

[16] **アドバイザー：**そうですね、誰でもどこかでスタートするわけです。自信を持って、学ぶ意欲があることをアピールしてください。もう一つのアドバイスです。マーケティングの仕事をしている卒業生に声を掛けてみてください。人脈によって、オンラインに掲載されていないチャンスにつながることもありますからね。多くの場合、誰を知っているかということに行き着きます。

[17] **学生：**それは私にとって新しい知見です。その発想はありませんでした。でも…。ど

Listening

うやって卒業生にアプローチすればいいんでしょう？　私には卒業生と個人的なつながりはありません。

[18] アドバイザー：本校のキャリアネットワークを通じて卒業生を見つけることができますよ。連絡を取るときは、自己紹介をし、在校生であることを告げ、そのキャリアに興味があることを伝えましょう。多くの卒業生は喜んでアドバイスをくれたり、インターンシップの募集について教えてくれたりするはずです。

[19] 学生：ぜひ試してみますね。

Q1　なぜ学生はキャリアアドバイザーに話をしに行ったのか。
　　　(A) 心理学の授業内容について話し合うため
　　　(B) アルバイトの機会について尋ねるため
　　　(C) 効果的な履歴書の書き方についてアドバイスを求めるため
　　　(D) インターンシップの見つけ方について指導を受けるため

正解：D

🔍 **解説**　学生の第一声で、夏のインターンシップに興味があるので最初の手順を教えてほしい [3]、と発言しています。この目的のためにオフィスに来たのだとわかります。また、その後の会話では、インターンシップの分野やインターンシップに申請する上での履歴書作成についての説明を受けており、会話全体を通じても、インターンシップのポジションを見つけたくて会話しに来たのだとわかります。あくまでインターンであり、アルバイトがしたいわけではないので (B) は違います。また、履歴書についての会話はありますが、履歴書はあるのか、と持ち掛けたのはアドバイザーの方です。学生が履歴書について知りたくてオフィスに来たのではありません。部分的に聞き取れた情報に惑わされて全体像を見失わないように。

Q2　学生が特に興味を持っていると述べたトピックは何か。
　　　(A) マーケティング手法が時代とともにどのように変化してきたか
　　　(B) 企業が顧客調査をどのようにビジネスに活用しているか
　　　(C) 広告やネット投稿が人々にどのような影響を与えるか
　　　(D) SNS でどうやったら魅力的な投稿をすることができるか

正解：C

🔍 **解説**　学生は、デジタルマーケティングに特に興味があるということで、ウェブページのタイトルなどを調整して、それが閲覧者の行動にどう影響を与えるかを見るのは楽しそうだ [7]、と発言しています。これを最もよく表しているのは (C) です。(A) の marketing、(D) の social media という単語は、会話で使用されていますが、marketing の変化や social media の魅力的な投稿に興味がある、と学生が発言したわけではありません。単語レベルで引っ張られないよう、文全体を見て判断しましょう。

模擬試験　解説編

Q3　学生が自分の履歴書についてほのめかしていることは何か。

(A) 詳細すぎると思っている。

(B) 十分に印象的かどうか不安に思っている。

(C) 実務経験が少なすぎると思っている。

(D) 自分のスキルがすべて強調されていると確信している。

正解：B

解説　履歴書については、あるにはあるが十分な内容になっているかわからない [9]、と学生は発言しています。また、実務経験がないということに意識しすぎていた [15]、と自信がなかったという心持ちがうかがえる発言をしています。アドバイザーからのアドバイスの内容も踏まえ、学生は十分な印象を与えるものだったかについて不安があったと思われ、(B) が正解となります。学生は、business experience（実務経験）はなかったと発言しているので、(C)の実務経験が too few というのは誤りです。

Q4　アドバイザーは学生の経験についてどのように感じているか。

(A) この学生は行動心理学に関連しない仕事を探すべきだと勧めている。

(B) 学生がデジタルマーケティングの職に適しているか疑っている。

(C) 学生の経験が雇用主に評価されると確信している。

(D) 学生が SNS に集中しすぎていると考えている。

正解：C

解説　アドバイザーは、学生の経験値について、それは素晴らしい!と反応しており、実際に社会であなたのスキルを活用したことは、雇用側に評価されるでしょう [12]、と発言しています。さらに、自信を持って学ぶ意欲があることをアピールするよう学生にアドバイスしており [16]、学生が高い評価を受けるということを、強く確信している様子がうかがえます。行動心理学に関連しない仕事を探すべきだという発言はありません。よって (A) は誤りです。そもそも、(A) の選択肢は分野についての言及なので、「アドバイザーは学生の経験についてどのように感じているか」という問いへの解答になっていません。

Listening

Q5 会話の一部をもう一度聞いて、質問に答えなさい。

> **アドバイザー：マーケティングの仕事をしている卒業生に声を掛けてみてください。人脈によって、オンラインに掲載されていないチャンスにつながることもありますからね。多くの場合、誰を知っているかということに行き着きます。**

なぜアドバイザーはこう言ったのか。

> **アドバイザー：多くの場合、誰を知っているかということに行き着きます。**

(A) 就職活動で人脈が最も重要な要素になり得ると考えているから。

(B) 学生が独力でインターンシップを見つけられることを疑っていないから。

(C) デジタルマーケティングが非常に人気のあるテーマで、多くの卒業生も興味を持っていると考えているから。

(D) 一部の卒業生が学生を経済的に助けてくれるかもしれないと予測しているから。

正解：A

🔍 **解説** boil down to ～で「最終的には～に行き着く」という意味になります。水が蒸発して全部なくなって、中に入っていた物質が最終的に結晶として残る、というイメージです。熟語の意味はこの通りですが、この「Listen again」の問題は、熟語や口語表現そのものを知らなくても、声のトーンや前後の流れで正解が特定できるように作問されています。今回は、ネットワークが大事なので、卒業生に連絡を取ってみて、いろいろと助けてもらいなさい、というアドバイスをする中で、この it all boils down to who you know という表現が使われているわけです。前の発言からつながる、人脈が大事だと伝えようとしている『流れ』があります。この流れと声のトーンを基に考え、(A) が正解とわかります。(D) は financially の所が違います。経済的に助けてくれることを予期しているわけではありません。

模擬試験　解説編

147

Lecture 1 🔊 29-35

（スクリプト）

Listen to part of a lecture in a geology class.

[1] **Professor:** Today, we'll learn about a fascinating geological phenomenon known as plate tectonics. [2] North America and Asia are getting closer to each other. [3] This is because the plates are moving slowly but continuously. [4] How many of you have experienced earthquakes? [5] Quite a few... OK. [6] These kinds of dramatic events, including earthquakes, are also caused by the movement of the Earth's plates.

[7] Now, what exactly are the Earth's plates? [8] Earth's plates are like the top layer of the Earth... the Earth's crust that is floating on the mantle or magma underneath. [9] Imagine ice floating on water; just like that, Earth's plates are floating on a very hot mantle. [10] Just like ice can move on the surface of water, Earth's plates move on the mantle. [11] But we want to know the mechanism of the plate tectonics. [12] The plates are moving because of the heat from the Earth's core. [13] The heat causes movement above the mantle. [14] So there are dynamic flows, or currents I should say, in the mantle. [15] These currents push and pull the plates floating above. [16] It is said that there are about 160 tectonic plates in total. [17] Among them, there are seven major ones, namely the Pacific Plate, North American Plate, Eurasian Plate, African Plate, Antarctic Plate, Indo-Australian Plate, and South American Plate. [18] Well, you don't need to memorize the names; I just wanted you to know that there are seven major ones.

[19] And now, let's look into the boundaries between these plates because that's where things get really intriguing. [20] At some boundaries, plates move towards each other, and ah... these boundaries are called convergent boundaries. [21] Can you guess what happens then? [22] Yes, they collide, and this can form mountains. And earthquakes happen. [23] For instance,

---

148

the Himalayas were formed by the collision of the Indian and the Eurasian plates. [24] These plates came in contact 50 million years ago. [25] This type of boundary is called the convergent boundary. [26] Well, sometimes, two plates move apart from each other. [27] The boundaries of the separating plates are called divergent boundaries—again, the plates are moving away from each other. [28] This movement can create new ocean floor and volcanic activity. [29] The Mid-Atlantic Ridge is a classic example, where a new ocean floor is being created as magma rises between the plates. [30] And there are constant volcanic activities around there. [31] For our class purposes, please understand the differences between these types of boundaries: convergent and divergent, OK?

[32] Now, these movements are not sudden; they occur over millions of years. [33] But why do we care about these slow movements? [34] Well, understanding plate tectonics helps us predict geological events and prepare for them. [35] For example, by studying the boundaries, scientists can identify areas at risk of earthquakes. [36] They use this information to assure the safety of people living in and around the regions. [37] But some questions may arise: how do we study these plate movements to predict natural phenomena, including earthquakes? [38] Scientists use a variety of tools, including GPS satellites, to measure the exact movements of the plates. [39] So scientists are literally seeing our Earth from outer space!

[40] They also study rock formations and fossils to understand historical plate movements. [41] For both convergent and divergent boundaries, this method has helped understand plate movements that have happened in the past. [42] They can use this past data and do a series of computer simulations to predict the future movement of the plates. [43] Of course, they look at both perspectives at the same time. GPS-based prediction alone does not give us the best prediction. [44] Nor does the past data-based prediction model alone. [45] When combined, these prediction models can give us the most reliable predictions.

149

[46] This way, researchers are making the best simulations possible to predict large-scale earthquakes around the convergent boundaries, and continuous eruptions around the divergent boundaries. [47] Having said that, we must admit that we can't predict the future movement of the plates with 100 percent certainty. [48] There are many factors involved in the tectonic movement, and there is a limit as to how well humans can predict the movement of the plates. [49] Anyways, isn't it fascinating how something happening deep within the Earth affects us on the surface? [50] Personally, I find it quite incredible how interconnected everything is.

(スクリプトの訳)

地質学の講義の一部を聞きなさい。

[1] **教授:**今日は、プレートテクトニクスという興味深い地質現象について学びましょう。[2] 北アメリカとアジアは互いに近づいています。[3] これはプレートがゆっくりと、しかし絶え間なく動いているからです。[4] 地震を経験したことがある人はどれくらいいますか。[5] かなり多いですね…わかりました。[6] 地震を含むこうした劇的な出来事も、地球のプレートの動きによって引き起こされます。

[7] さて、地球のプレートとは一体何でしょうか。[8] 地球のプレートとは、地球の一番上の層…下にあるマントルやマグマの上に浮かんでいる地殻のようなものです。[9] 水の上に浮かぶ氷を想像してみてください。ちょうどそのように、地球のプレートは非常に熱いマントルの上に浮かんでいるのです。[10] 氷が水面を動くように、地球のプレートはマントルの上を動いています。[11] しかし、私たちはプレートテクトニクスのメカニズムを知りたいのです。[12] プレートが動いているのは、地球のコアからの熱のせいです。[13] その熱によってマントル上に動きが生じます。[14] つまり、マントルの中には動的な流れ、あるいは流動といったものが存在するということです。[15] この流れが、上に浮かんでいるプレートを押したり引いたりします。[16] 地殻プレートは全部で160枚ほどあると言われています。[17] そのうちの主要な七つのプレートが太平洋プレート、北米プレート、ユーラシアプレート、アフリカプレート、南極プレート、インド・オーストラリアプレート、南米プレートです。[18] まあ、名前を暗記する必要はありません。ただ、主要なものが七つあるということを知っておいてほしかっただけです。

[19] それでは、これらのプレートの境界を調べてみましょう。ここからが非常に興味深いところです。[20] いくつかの境界では、プレートは互いに近づいていますが、これらは収束境界と呼ばれます。[21] そのとき何が起こるかわかりますか。[22] そう、衝突して山が

150

Listening

できます。また、地震も起こります。[23] 例えば、ヒマラヤ山脈はインドプレートとユーラシアプレートの衝突によって形成されました。[24] これらのプレートは5000万年前に接触しました。[25] このような境界は収束境界と呼ばれています。[26] 時には二つのプレートが互いに離れていくこともあります。[27] 分離するプレートの境界は発散境界と呼ばれ、ここでもプレートは互いに遠ざかります。[28] この動きは、新しい海底や火山活動を生み出すことがあります。[29] 大西洋中央海嶺はその典型的な例で、プレート間でマグマが上昇し、新しい海底が形成されています。[30] そして、その周辺では絶え間ない火山活動が起こっているのです。[31] 授業の目的のために、収束型と発散型、これらの境界の違いを理解してくださいね。いいですか。

[32] さて、これらの動きは急激なものではなく、何百万年もかけて起こります。[33] しかし、なぜこのようなゆっくりとした動きを気にする必要があるのでしょうか。[34] そうですね、プレートテクトニクスを理解することは、地質学的な出来事を予測し、それらに備えるのに役立ちます。[35] 例えば、境界を研究することで、科学者は地震の危険性がある地域を特定することができます。[36] この情報は、その地域やその周辺に住む人々の安全を確保するために使われます。[37] しかし、地震を含む自然現象を予測するために、どのようにプレートの動きを研究するのかという疑問が生じるかもしれません。[38] 科学者たちは、プレートの正確な動きを測定するために、GPS 衛星を含むさまざまなツールを使用します。[39] つまり科学者たちは、文字通り宇宙から地球を見ているのです!

[40] 彼らは、歴史的なプレートの動きを理解するために、岩石層や化石も研究します。[41] 収束型と発散型、いずれの境界においても、この方法は、過去に起こったプレートの動きを理解するために役に立っています。[42] 彼らはこの過去のデータを使用し、一連のコンピューターシミュレーションを実行して、プレートの将来の動きを予測することができます。[43] もちろん、彼らは両方の視点を同時に見ています。GPS に基づく予測だけでは、最良の予測は得られません。[44] 過去のデータに基づいた予測モデルだけでも同様です。[45] これらの予測モデルを組み合わせることで、最も信頼できる予測が可能になります。

[46] このように、研究者らは、可能な限りのシミュレーションをし、収束型境界付近での大型地震、発散型境界での継続的噴火について予測を立てようとしているのです。[47] そうは言っても、プレートの将来の動きを100パーセント確実に予測することはできないことを認めなければいけません。[48] 地殻変動にはさまざまな要因が絡んでおり、人間がプレートの動きを予測するには限界があります。[49] とにかく、地球の奥深くで起きていることが、地表にいる私たちにどのような影響を与えるのか、とても興味深いことではないでしょうか。[50] 個人的には、すべてがこれほどまでに密接に結びついているのが本当に驚きです。

模擬試験 解説編

151

Q6 教授が主に説明している内容は何か。

(A) 人間に影響を与え得る地質現象

(B) 巨大な被害をもたらした自然災害

(C) 火山の形成メカニズム

(D) 地震を予測するための最新技術

正解：A

解説 非常に抽象度が高い選択肢ですが、(A) が正解です。TOEFL では、抽象度が高い選択肢は一定頻度で出ていますし、それが正解になる確率も低くありません。「プレートテクトニクスという地質現象について」というのがより具体的な記述となりますが、それを「人間に影響を与え得る地質現象」とぼかした表現にしています。一方で、地震や火山噴火などは人々に影響を与える事象である、とは度々説明しているので、間違った記述ではありません。ですので、(A) が正解となります。このようにびしっと詳細まで記述しているわけではないが間違った内容ではない、という選択肢が正解になる確率は比較的高いです。

Q7 教授が氷について言及した理由は何か。

(A) マグマの液体状の性質を説明するため

(B) 極地で噴火が起こらない理由を説明するため

(C) 地球のプレートの動きを身近な物と比較するため

(D) 大西洋の海水がいかに冷たいかを強調するため

正解：C

解説 マントルの上を地殻が移動する詳細についての説明がありますが [12]-[15]、専門性が高く予備知識がない学生にはわかりづらいメカニズムでもあります。そのため教授は、まずは水に浮かぶ氷が表面を移動するという、身近にある、より想像しやすい例を用いてコンセプトを説明しています [9]-[10]。TOEFL では、このように教授が取り上げた「例」が、どういう目的で言及されたのかを問う問題が多いです。地殻から氷の話に突然話題が飛んだように聞こえるかもしれませんが、話の「流れ」をくみ取り、事例が用いられた目的を理解しましょう。

Q8 ヒマラヤ山脈の形成について、講義から推測できることは何か。

(A) 収束境界に沿って形成された山々である。

(B) 発散境界に沿って形成された山々である。

(C) 収束境界からも発散境界からも離れた場所にある。

(D) 収束境界と発散境界が重なった場所にある山々である。

正解：A

解説 プレートが互いに近づいている境界を convergent boundaries（収束境界）と

呼び、プレートが衝突し合い山ができる、という説明があります [20]-[22]。その一例としてヒマラヤ山脈が挙げられています [23]。infer（推測）問題のカテゴリーですが、論理的に考えると直接言及にも近い気がします。このように、推測問題なのに、推測というよりむしろ明記されている、というケースも時々あり得ます。

Q9 教授が発散境界について述べていることは何か。

    (A) そこで多くの地震が発生している。

    (B) 新しい海底がそこで形成されている。

    (C) 見つかっている数は少ない。

    (D) 収束境界よりも長い。

正解：B

解説 divergent boundaries（発散境界）については [26]-[28] で詳細に説明されています。二つのプレートが互いに離れていき、この動きは、新しい海底や火山活動を生み出すことがある、と述べられています。「新しい海底が生み出される」という説明をもって (B) が正解となります。さらに、大西洋中央海嶺はこの典型例で、新しい海底が形成されている、と再度説明されています [29]。この2カ所の説明から (B) がやはり正解であるとわかります。

Q10 研究者がプレートテクトニクスを予測するために使用しているもの、または参照しているものは何か。

    答えを三つ選びなさい。

    A GPS 衛星

    B 海面上昇

    C 噴火や地震の回数

    D 化石の記録

    E コンピューターシミュレーション

正解：ADE

解説 このように五つの選択肢から三つ選べ、という問題も出題されます。この問題は、詳細を問う問題であるため、以下に細かい部分まで注意が向いていたか、聞き取れたかが大事になります。[38] Scientists use a variety of tools, including GPS satellites. [40] They also study rock formations and fossils to understand historical plate movements. [42] They can use this past data and do a series of computer simulations. とそれぞれ言及されており、これらが正解となります。単語レベルでシャドーイングできるスキルがどの程度あるかが、このような詳細を問う問題では分かれ道になります。

Q11 講義の一部をもう一度聞いて、質問に答えなさい。

教授：そのうちの主要な七つのプレートが太平洋プレート、北米プレート、ユーラシアプレート、アフリカプレート、南極プレート、インド・オーストラリアプレート、南米プレートです。まあ、名前を暗記する必要はありません。

なぜ教授はこう言ったのか。

教授：まあ、名前を暗記する必要はありません。

(A) これらの名前を覚えるのは無理である。

(B) すでに学生はこれらについて繰り返し過去に学んでいる。

(C) 教授自身もこれらの名前を覚えていない。

(D) これらの名前は最も重要な情報ではない。

正解：D

解説 教授は主要なプレートの名前を七つ挙げた上で、この Well, you don't need to memorize the names. というセリフを言っています。話の流れは、主要なプレート名を挙げる→覚えなくてもいいと言う→七つ主要なものがあるということだけ知っておけばよい。この流れと口調を併せて考え、固有名詞を覚えることが大事なわけではない、と言おうとしていると思われます。(A), (C) は、このように思っている可能性がないとは言い切れません。可能性としてはあり得ますが、話の流れや使っている言葉やトーンで、「君たちには無理だ」「私も覚えていないんだ」と感じさせる要素はありません。少なくとも、(D) を上回る要素はありません。(A), (C) を選んでなんだかふに落ちない、という気持ちが残っている方は、成果に向かうべく、思考を柔軟にしてください。

154

Listening

Lecture 2 🔊 36-42

スクリプト

Listen to part of a lecture in a biology class.

[1] **Professor:** Today, we're going to talk about the process of animal hibernation. [2] As I talk, please refer to the extra handout I distributed today in addition to your textbook. [3] OK, now, animals like bears, for example, enter a deep sleep that lasts for months. [4] This is what we call hibernation, a survival strategy that allows animals to conserve energy when food is scarce. [5] So, what exactly happens during hibernation? [6] During hibernation, an animal's body functions slow down significantly. [7] Its heart rate drops, breathing becomes slower, and body temperature falls. [8] Therefore, the animal uses much less energy, which allows it to survive without eating for long periods of time.

[9] Let's take a closer look at what happens in the body during this process. [10] First, before entering hibernation, an animal typically eats a lot of food to build up fat reserves. [11] These extra fat reserves are critical because they provide the energy the animal needs to survive while it's not eating. [12] Then, once the animal starts hibernating, its body starts to rely on these fat reserves. [13] This process can last for several months, depending on the species and the climate. [14] For example, creatures in colder climates may hibernate longer than those in milder areas. [15] You can see a nice summary of what I've explained so far on the extra sheet I distributed, and… Yes!

[16] **Student 1:** Excuse me, professor. Is there any difference between hibernation and regular sleep?

[17] **Professor:** That's a good question. [18] While it may seem like the animal is simply sleeping, the physiological changes that occur during hibernation are quite different from those during regular sleep. [19] In fact, hibernation

155

is much deeper than sleep. [20] The animal's metabolic rate slows down drastically, meaning the body uses less energy. [21] This is why the animal can go without eating for so long during hibernation. [22] Did I answer your question?

[23] **Student 1:** That was perfect, and I fully understood your explanation.

[24] **Professor:** Great, great. [25] You can ask questions anytime. [26] I love to see students trying to gain knowledge actively. [27] So, now... Let me explain something similar to hibernation but not quite the same. [28] Some animal species use a similar strategy known as torpor. [29] Torpor is different from hibernation because it's much shorter. [30] For example, some birds enter torpor overnight to conserve energy when temperatures drop. [31] Unlike hibernation, the animal in torpor can wake up quickly and resume normal activities if necessary. [32] It's a less extreme form of energy conservation, but it serves a similar purpose. Yes, there!

[33] **Student 2:** It sounds like what you call torpor is just like... sleep. [34] I mean, is it different from just sleeping if the duration is rather short?

[35] **Professor:** Thank you for asking again. [36] There is a fairly significant difference between those two. [37] Otherwise, those scholars won't use a fancy term like torpor and differentiate it from other things like mere sleep, but I totally agree. [38] Apparently, torpor and sleep may look quite similar, and if I were a student like you, I would ask the same question. [39] Well, I'll just go ahead and explain how they are different. [40] In the case of torpor, the animal's body temperature drops rapidly, down to about the temperature of the surrounding environment. [41] In normal or regular sleep, the body temperature does drop, but it does not drop this low. [42] And in the case of torpor, the animal is constantly in a state of non-REM sleep all the time. [43] Non-REM means deep sleep, so basically, the animal is in a deep sleep mode all the time. [44] On the other hand, in normal sleep, the

animal experiences both non-REM and REM sleep. [45] It means, the animal is alternating between deep sleep and light sleep.

（　スクリプトの訳　）

生物学の授業での講義の一部を聞きなさい。

[1] **教授**：今日は、動物の冬眠のプロセスについてお話ししましょう。[2] 私の話を聞きながら、教科書に加え、今日配布したプリントを参照してください。[3] さて、例えばクマのような動物は、何カ月も続く深い眠りに入ります。[4] これは冬眠と呼ばれるもので、食料が乏しいときに動物がエネルギーを節約するための生存戦略です。[5] では、冬眠中には一体何が起こるのでしょうか。[6] 冬眠中、動物の身体機能は著しくゆっくりになります。[7] 心拍数は低下し、呼吸はゆっくりになり、体温は下がります。[8] そのため、動物のエネルギー消費量は大幅に減少し、長期間食べなくても生き延びることができます。

[9] この過程で体内に何が起こっているのかを詳しく見てみましょう。[10] まず、冬眠に入る前に、動物は通常、脂肪を蓄えるためにたくさんの食べ物を食べます。[11] この余分な脂肪の蓄えは、動物が食べていない間生き延びるのに必要なエネルギーを供給するために非常に重要です。[12] そしていったん冬眠を始めると、動物の体はこれらの脂肪の蓄えに頼り始めます。[13] このプロセスは、種や気候にもよりますが、数カ月続くこともあります。[14] 例えば、寒い地域の生き物は、温暖な地域の生き物よりも長く冬眠することがあります。[15] これまでに説明したことは配布した追加シートにまとめてありますので…。はい！

[16] **学生1**：すみません、先生。冬眠中の睡眠と普通の睡眠に違いはありますか。

[17] **教授**：いい質問ですね。[18] 動物は単に眠っているように見えるかもしれませんが、冬眠中に起こる生理的な変化は、通常の睡眠中のものとはかなり異なります。[19] 実際、冬眠は睡眠よりもずっと深いです。[20] 動物の代謝率は大幅に低下し、身体のエネルギー消費量が減ります。[21] これが、冬眠中に動物が長い間食事を取らずにいられる理由です。[22] あなたの質問に答えられましたか。

[23] **学生1**：はい、完璧です。そして説明いただいたことはすべて理解できました。

[24] **教授**：素晴らしい、素晴らしいです。[25] いつでも質問してくださいね。[26] 学生が積極的に知識を得ようとするのを見るのは好きです。[27] それでは…。冬眠と似ているようで、まったく同じではないことを説明していきます。[28] いくつかの動物種は、トーパー（鈍麻状態）と呼ばれる、似たような戦略を使います。[29] 冬眠と違うのは、その期間がずっ

と短いことです。[30] 例えば、気温が下がったときにエネルギーを節約するために、一晩中トーパーに入る鳥もいます。[31] 冬眠とは異なり、トーパーに入っている動物はすぐに目を覚まし、必要に応じて通常の活動を再開することができます。[32] エネルギー節約としてはそれほど極端ではありませんが、似たような目的を果たします。はい、そこの方！

[33] **学生2：**先生の言う「トーパー」とは、まるで…睡眠みたいですね。[34] つまり、持続時間が短ければ、ただの睡眠とは違うのですか。

[35] **教授：**再度質問ありがとうございます。[36] この二つにはかなり大きな違いがあります。[37] さもなければ、学者たちもトーパーというような小じゃれた用語を使って、単なる睡眠のような他の何かと区別したりはしないわけですが、確かにそうですよね。[38] 見た感じでは、トーパーと睡眠は似ているように見えますし、私が学生だったとしたら同じ質問をするでしょう。[39] とにかく、どう違うのか説明しますね。[40] トーパーの場合、動物の体温は急速に低下し、周囲の環境温度程度まで下がります。[41] 通常の睡眠でも体温は下がりますが、ここまで下がることはありません。[42] そしてトーパーの場合、その動物は常にノンレム睡眠状態にあります。[43] ノンレムとは深い眠りのことで、基本的にはその動物は常に深い眠りの状態にあります。[44] 一方、通常の睡眠では、動物はノンレム睡眠とレム睡眠の両方を経験します。[45] つまり、動物は深い眠りと浅い眠りを交互に繰り返しているんです。

Q12 講義の主なテーマは何か。

(A) ユニークな行動パターンを持つ動物たち

(B) 動物の冬眠のプロセスと目的

(C) 睡眠と冬眠の違い

(D) レム睡眠が動物の行動に及ぼす影響

正解：B

解説 講義の第一声で、「今日は、動物の冬眠のプロセスについてお話ししましょう [1]」と言っており、これに当たる (B) が正解となります。途中から torpor（トーパー）の話もあるので、全体が hibernation（冬眠）の話ではないという側面はあります。しかしながら、話のフォーカスは動物ではないので (A) は外れ、(C) と (D) は (B) よりも細かいトピックです。(B) が完全というわけではありませんが、明らかに他の選択肢がより不適切なので、ベストな選択肢は (B) となります。

Listening

Q13 以下の表で、冬眠中の生理学的変化に関する記述の正誤を答えなさい。

	正	誤
脂肪蓄積量は増加する		✓
心拍数は遅くなる	✓	
体温が上昇する		✓
呼吸が深くなる		✓

正解：False / True / False / False

🔍**解説** 冬眠中は、冬眠前に蓄えた脂肪が減っていくので [10]-[12]、最初は False です。また、心拍数は低下し、呼吸はゆっくりになり、体温は下がる [7]、と説明されています。これに基づくと、解答のようになります。細かい部分までシャドーイングできるか、という視点がまず大切です。予備知識や思考を基に、冬眠中は新陳代謝は抑えられるはずだから、それに基づいて変化が起こるであろう、と聞き取りができなかった部分も予想できる範囲は出てくるでしょう。本番でも、聞き取りが不十分だったとしても、予備知識や論理的思考を基に正解率を上げられる場面はありますので、頭を回転させて答えましょう。

Q14 教授はどのように授業を進めているか。

(A) 短い動画を見せることで
(B) 学生同士で話し合わせることで
(C) 教科書と配布物を参照させることで
(D) プレゼンテーションのスライドを使うことで

正解：C

🔍**解説** 教科書に加え、今日配布したプリントを参照してください [2]、という発言や、これまでの説明は追加シートにまとめてある [15]、と説明しているので、(C) が正解となります。講義内容そのものに関する問題ではありませんが、こういう問題も時々出ますので、授業の進め方に関する情報が出たら頭にとどめておきましょう。

Q15 質問する学生に対する教授の態度はどのようなものか。

(A) いつでも質問するように勧めている。
(B) 質問に答える気がない。
(C) 学生の行動に無関心である。
(D) 質問する前にまず考えるように勧める。

正解：A

模擬試験　解説編

159

解説 良い質問です [17]、いつでも質問してください [25]、再度質問ありがとうございます [35]、という教授のセリフから、質問に対してウエルカムである様子がうかがえます。こうした attitude 問題は、話しているセリフの内容も大事ですが、声のトーンも大きなヒントになります。

Q16 教授によれば、冬眠している動物が何カ月も食事を取らずにいられるのはなぜか。

(A) 体のエネルギー消費量が上がっているから
(B) トーパー状態から脱しているから
(C) 新陳代謝が正常な状態ではないから
(D) 周りの気温が低下しているから

正解：C

解説 冬眠中は、代謝率が大幅に低下しエネルギー消費量が減ることで、動物は長期食事を取らなくてもいい状態になると説明があります [20]-[21]。ストレートに (C) が正解となります。一つの注意事項として、予備知識で知っているからこれ、と決めつけないようにしましょう。今回の問題は、冬眠中は代謝が下がる、という予備知識でストレートに答えられました。他方で、According to the professor と問題にある通り、教授が言っている内容にあることが正解となります。教授が言っていることと一般通念が違う、または過去に学校や本で学んだ情報と部分的に違う、ということもあり得ます。その場合は、あくまで教授が言っていることを基準に選択肢を選んでください。

Q17 鳥が1羽いて、周囲の気温が一晩急激に下がったとすると、次のうちどれが推測できるか。

(A) 鳥はトーパーの状態にある可能性がある。
(B) 鳥は常にレム睡眠を経験している。
(C) 鳥は冬眠状態から目覚める。
(D) 鳥はエネルギーを効率的に節約できない。

正解：A

解説 リスニングをして内容が理解できているならわかるはずだ、という前提に基づく推測問題です。教授は講義の終盤で、トーパーの場合は動物の体温は急速に低下する [40]、これは通常の睡眠では起こらない [41]、と発言しています。これをもって (A) が正解とわかります。(B) は逆です。トーパー状態にある鳥は、常にノンレム睡眠の状態にあります。(C) は講義でまったく述べられておらず、正解となり得る要素がありません。(D) は逆です。トーパー状態にある鳥は、エネルギーを効率的に節約しています。

今回は、授業形態や教授の態度など、講義の詳細そのものより枝葉の情報からの出題割合が多かった問題です。時々このようなこともあります。すなわち、講義の詳細にだけ耳を傾けるのではなく、発話されるすべての要素を、油断せずに聞いていきましょう。

Listening

Conversation 2 43-48

スクリプト

Listen to part of a conversation between a student and a professor.

[1] **Student:** Hi, Professor Miller. Can I ask you something about pollination that we discussed in our ecology class?

[2] **Professor:** Oh, absolutely, Sarah.

[3] **Student:** Well, I've been reading about pollination and how important some insects like butterflies, flies, or bees are to the process. I understand the basics, but I have some additional questions.

[4] **Professor:** Yes, as I mentioned in the class, there are a wide variety of bugs that contribute to pollination. I think the concept and the mechanism are simple, but what other questions do you have?

[5] **Student:** I mainly have two questions, and the first one is that, um, are there any disadvantages of pollination? I mean, you talked about only good things, like the bugs can get food and the flowers can produce more seeds and descendants... But do they come without any disadvantages?

[6] **Professor:** That's a new perspective. I mean, wow! You're thinking about the topic from many different angles. Before I start answering, this is something that won't be tested on the midterm or final exams. I mean...

[7] **Student:** That's not a concern at all. I'm asking out of curiosity.

[8] **Professor:** Great. Well then. There are a few disadvantages. Sometimes, bugs like butterflies and moths can spread disease to plants. If this happens, not only flowers but also the surrounding ecosystem are affected. That's one thing, and another thing is that some of those insects feed on the plants. They bite the stems, leaves, and buds of the plants, and obviously, this can damage the plants.

[9] **Student:** Interesting point. I was vaguely thinking about the first point, but I really didn't have the second perspective.

[10] **Professor:** To be more specific, larvae or caterpillars are the ones that feed on the plants. For instance, the Cabbage White Butterfly helps the pollination of the cabbage plant, but its young caterpillars feed on the same

plant.

[11] **Student:** That's a new insight. You talked about the disadvantages on the flower side, but are there any disadvantages on the insect side? Any disadvantages for the butterflies and other bugs?

[12] **Professor:** There are some. Especially in farms and botanical gardens that are managed by humans, it is common to see flowers sprayed with insecticides. This is understandable because, naturally, the farms want to protect their flowers and plants from pests.

[13] **Student:** So, the insecticide kills the pollinator insects?

[14] **Professor:** That is correct. These chemicals are harmless to the plants but harmful to the insects.

[15] **Student:** Despite these disadvantages on the part of both plants and insects, do the advantages still outweigh the disadvantages?

[16] **Professor:** I would say, yes. At least, that is partially why this kind of symbiotic relationship is widely seen in nature.

[17] **Student:** Right.

[18] **Professor:** While things like wind can pollinate plants, wind is not really effective. Pollen is dispersed randomly and there is markedly less chance that the pollen will be delivered to the flower of the same species at the right time.

[19] **Student:** And there are many areas where there is little or no wind.

[20] **Professor:** Exactly! A dense forest is an example. There are many trees and they block wind. There is virtually no strong wind in many parts of the forest. Plants have to rely on the insect pollinators, it seems.

(スクリプトの訳)

学生と教授の会話の一部を聞きなさい。

[1] 学生: こんにちは、ミラー教授。生態系の授業で扱った受粉について質問してもいいですか。

[2] 教授: もちろんだよ、サラ。

[3] 学生: ええと、受粉について読んでいて、チョウやハエ、ミツバチのような昆虫がこの

162

プロセスでどれだけ重要かについて理解しました。基本的なことはわかっているのですが、いくつか追加で質問があります。

[4] 教授：はい、授業でも話したように、受粉に貢献している昆虫にはさまざまな種類があります。概念やメカニズムは単純だと思いますが、他にどんな質問がありますか。

[5] 学生：主に二つ質問があるんですが、最初の質問は、受粉に何か不利な点はありますか。昆虫が食べ物を得たり、花が種や子孫を増やしたりといった良い所だけを話されていましたが、不利な点はまったくないのでしょうか。

[6] 教授：それは新しい視点ですね。というか、すごいですね！ いろんな角度から考えているんですね。答える前に言っておきますが、これは中間試験や期末試験には出ませんからね。つまり…。

[7] 学生：それはまったく気にしていません。好奇心から聞いているだけです。

[8] 教授：それは良いですね。では、いくつか不利な点もあります。時々、チョウやガのような昆虫が病気を植物に広げてしまうことがあります。こうなると、花だけでなく周囲の生態系にも影響が及びます。それが一つの例です。そして、もう一つは、これらの昆虫の中には植物を食べるものもいることです。茎や葉、つぼみをかじるため、もちろん植物にダメージを与える可能性があります。

[9] 学生：興味深いですね。最初の点については漠然と考えていましたが、二つ目の視点はまったくありませんでした。

[10] 教授：より具体的に言うと、植物を食べるのは幼虫や毛虫たちです。例えば、モンシロチョウはキャベツの受粉を助けますが、若い幼虫は同じキャベツを食べます。

[11] 学生：それは新しい洞察です。花の方の不利な点について話していただきましたが、昆虫側に何か不利な点はありますか。チョウや他の昆虫にとって不利な点はありますか。

[12] 教授：あります。特に人間が管理している農場や植物園では、花に殺虫剤が散布されているのをよく見かけます。これは理解できることで、農場は当然、害虫から花や植物を守りたいと考えますからね。

[13] 学生：つまり、殺虫剤は受粉する昆虫を殺してしまうということですか。

[14] 教授：その通りです。これらの化学物質は植物には無害ですが、昆虫には有害です。

[15] 学生：植物側と昆虫側の双方にこうした不利な点があるにもかかわらず、それでもなお、利点の方が上回るのでしょうか。

[16] 教授：そうだと思います。少なくとも、こうした共生関係が自然界で広く見られる理由の一部でしょうね。

[17] 学生：そうですね。

[18] 教授：風のようなものも受粉を行うことはありますが、風はあまり効果的ではありません。花粉は無作為に飛ばされるため、同じ種の花にちょうどいいタイミングで届けられる可能性はかなり低くなります。

[19] 学生：そして、風がほとんどない、もしくはまったくない地域もたくさんありますよね。

[20] **教授：**その通りです！　密集した森林がその一例です。木々が多く、風を遮ってしまいます。森林の多くの部分では、ほとんど強い風が吹きません。植物は昆虫による受粉に頼らざるを得ないようです。

Q18 なぜ学生はミラー教授と話しているのか。

    (A) 中間試験のためにいくつかの概念を理解するため

    (B) 生態学の授業の要件について尋ねるため

    (C) 授業の内容についてより深く理解するため

    (D) 次の研究レポートについての情報を得るため

正解：C

解説 学生は、生態学のクラスで扱われたトピックについて、さらに知りたいことがある旨を伝え、特に昆虫を介した受粉のマイナス面は何かと教授に聞いています。この趣旨の質問と返答が終始続いており、それを抽象的ではありつつも無難に記述している (C) が正解となります。中間試験にも期末試験にも出ないと聞いても、関心があって知りたいのだと質問を続けています [6]-[7]。

Q19 受粉について質問をする学生への教授の態度はどのようなものか。

    (A) 驚き感心している

    (B) びっくりしているが、乗り気ではない

    (C) 中立的で無関心

    (D) 衝撃を受けつつも理解を示している

正解：A

解説 [6] That's a new perspective. I mean, wow! という教授のセリフと声のトーンからして、学生の学びへの姿勢と考察に驚き感銘を受けていると理解できます。

Q20 教授によると、植物にとって受粉の不利な点の一つは何か。

    (A) 昆虫が近くに競合する他の植物を成長させてしまう可能性がある。

    (B) 一部の昆虫が植物を食べることで害を与える可能性がある。

    (C) 受粉は特定の種内だけで広がる。

    (D) 花がその過程で栄養を失う。

正解：B

解説 教授は、昆虫の中には植物を食べるものもいて、茎や葉、つぼみがダメージを受けると説明しています [8]。さらに、例えばモンシロチョウはキャベツの受粉を助けるが、幼虫

Listening

は同じキャベツを食べる、という具体例も持ち出して説明しています [10]。(B) が正解となり、これ以外の選択肢の内容については言及がありません。

Q21 教授は、なぜ農場や植物園で使用される殺虫剤について言及したのか。

    (A) 農場は作物を守る権利があると主張するため

    (B) 強力な殺虫剤は植物にもダメージがあると示すため

    (C) 技術発展の重要さをアピールするため

    (D) 受粉が受粉媒介者に与え得るデメリットを説明するため

正解：D

解説 学生が、昆虫側にデメリットはあるかと質問した [11] のに対し、農場や植物園で散布された殺虫剤が植物には無害であるが昆虫には有害であると述べています [12], [14]。これが昆虫側へのデメリットとして説明されているので、(D) が正解とわかります。(A) については、農場主は作物を守る権利があるという考えを教授は持っていますが、それを主張するために殺虫剤の話をし始めたわけではありません。(A) を選んでいた場合、選択肢が正しい情報かどうかだけではなく、その選択肢は問いへの直接的な解答になっているか、という基準で答えを選ぶようにしましょう。

Q22 教授によれば、なぜ風媒受粉はそれほど効果的ではないのか。

    答えを二つ選びなさい。

    (A) 強い風が吹かないエリアがある。

    (B) 雨の際には花粉が遠くに飛ばない。

    (C) 風の方向は常にランダムである。

    (D) 適切なタイミングで風が吹かないことがある。

正解：A D

解説 教授の説明の中で、例えば森林エリアでは強い風が吹かず、花粉があるべき場所にあるべき時期に飛んでいくとは限らない、と発言しています [18]-[20]。木々が多く、風を遮ってしまうとも説明を加えています。(B) も (C) も事実である可能性はありますが、説明で述べられている内容ではないので、この問題に対する正解にはなりません。

模擬試験　解説編

165

Lecture 3 🔊 49-55

（スクリプト）

Listen to part of a lecture in a sociology class.

[1] **Professor:** Today, I want to discuss social norms, but... Does anyone know what a "social norm" is?

[2] **Student:** Um, rules we follow in society?

[3] **Professor:** Seems like you did your homework! [4] Social norms are like the unwritten rules of society, or how we're expected to behave in certain situations. [5] But, these norms can be very different depending on the culture you're in. [6] For instance, in some cultures, it's perfectly normal to greet someone with a kiss on the cheek... but in others, that might feel way too personal... and well... you may get sued in some situations. [7] Social norms can be incredibly powerful in shaping our behavior. [8] So today, we're going to dive deeper into the mechanisms behind these norms—how they're created, maintained, and even broken.

[9] Let's start with a basic question: where do social norms come from? [10] Well, one theory suggests that social norms arise from our need for order and predictability in society. [11] Think about it... if no one followed any rules or guidelines for behavior, things would be pretty chaotic, right? [12] Norms help us establish social interactions smoothly. [13] For example, in most places, you know that when there is a line, you shouldn't just cut in front of someone else. [14] Even though there's no law against cutting in line, we generally don't do it because... well, it's just considered rude. [15] So, norms help maintain social order without the need for formal rules or laws. [16] But here's a question for you: how do we learn these norms?

[17] **Student:** From our parents?

166

Listing

[18] **Professor:** Right, family plays a huge role. [19] When we're young, we learn a lot of norms from watching our parents and siblings. [20] But it's not just family—schools, friends, and even media contribute to how we learn what's acceptable behavior. [21] This process is called socialization, and it's happening constantly, whether we realize it or not. [22] For instance, think about when you were a child. [23] If you acted out in a way that didn't fit social expectations, like maybe shouting with a loud voice in public, you were probably corrected pretty quickly, right? [24] Over time, you learned what was and wasn't appropriate in different social settings. [25] Now, once these norms are established, how do they stay in place? [26] This is where social pressure comes in. [27] Have you ever felt uncomfortable when you didn't follow a norm?

[28] **Student:** Yes, like when I didn't know you're supposed to tip at a restaurant, and I felt embarrassed.

[29] **Professor:** Exactly! Tips are not forced by law, but many do leave tips because they consider that leaving tips is a social norm; going against it can cause social pressure. [30] When we don't follow social norms, we often face social pressure like disapproval from others. [31] It's that feeling of awkwardness or embarrassment that pushes us to conform. [32] And it works both ways; if you follow the norms, people tend to approve, and that reinforces your behavior. [33] This social approval helps people maintain their behavior. [34] However, social norms can change over time. [35] Sometimes, people start questioning the validity of a particular norm, which is sometimes called norm change.

[36] Let's look at a real-world example... the shift in attitudes toward smoking. [37] Fifty or sixty years ago, smoking in public places was completely normal, and no one thought twice about it. [38] People smoked in restaurants, on airplanes, even in hospitals.* [39] But over time, social attitudes changed. [40] More people started to push back against smoking.

[41] Today, it's considered rude, or even illegal, to smoke in many public spaces. [42] This is a clear example of a social norm that was once widely accepted but then rejected by society over time. [43] So, norms aren't fixed—they can evolve as society changes.

[44] Now, a lot of you are probably wondering what makes some norms change, and others stick around. [45] Well, it often comes down to whether or not the norm still serves a useful purpose. [46] In the case of smoking, as people became more aware of its health risks, the old norm of smoking in public spaces stopped making sense. [47] But other norms, like respecting personal space, still serve a purpose in keeping social interactions smooth.

＊褒められた行動ではありませんが、普通に日常にある行為でした。

（スクリプトの訳）

社会学の授業の講義の一部を聞きなさい。

[1] **教授**：今日は、「社会的規範」についてですが…。「社会的規範」とは何かわかる人はいますか。

[2] **学生**：ええと、社会で守るべきルールのことですか。

[3] **教授**：ちゃんと勉強してきているようですね！ [4] 社会的規範とは、社会の暗黙のルールのようなもので、つまり、ある状況でどのように振る舞うべきかということです。[5] ただ、これらの規範は文化によって大きく異なることがあるということです。[6] 例えば、ある文化では頬にキスをしてあいさつすることがごく普通ですが…他の文化ではそれは親密すぎると感じられるかもしれませんし…場合によっては訴えられることもあるかもしれません。[7] 社会的規範は私たちの行動を形成する上で非常に強い力を持っています。[8] それでは今日は、この規範がどのようにして生まれ、維持され、そして時には破られるのか、その仕組みについて深く掘り下げていきましょう。

[9] まず基本的な質問から始めましょう。社会的規範はどこから来るのでしょうか。[10] 一つの理論によれば、社会的規範は社会に秩序と予測可能性が必要であることから生じているとされています。[11] 考えてみてください…もし行動に関するルールやガイドラインを誰も守らなかったら、物事はかなり混乱してしまいますよね？ [12] 人々が社会で円滑に関わり合っていく上で規範は大事なのです。[13] 例えば、たいていの場合、列があったとして、

他の人の前に割り込んではいけませんよね。[14] 割り込みを禁止する法律はありませんが、一般的にはそうしないですよね。なぜなら…それは単純に失礼と考えられているからです。[15] したがって、規範は正式なルールや法律を必要とすることなく、社会の秩序を維持するのに役立っているのです。[16] では、次の質問です。これらの規範を私たちはどのように学ぶのでしょうか。

[17] **学生：**親からですか。

[18] **教授：**そうです。家族は大きな役割を果たしています。[19] 幼い頃、私たちは親やきょうだいを見て多くの規範を学びます。[20] しかし、家族だけではなく、学校や友達、さらにメディアも何が適切な行動なのかを学ぶ助けとなります。[21] このプロセスは「社会適応」と呼ばれ、自分で気づかないうちに常に起こっているのです。[22] 例えば、自分が子どもだったときのことを考えてみてください。[23] もし社会的期待にそぐわない行動、例えば公共の場で大声を出すような行動を取ったら、すぐに注意されたのではないでしょうか。[24] 時間をかけて、異なる場面で何が適切で何が不適切かを学んでいきました。[25] さて、これらの規範が一度確立されると、どのようにして維持されるのでしょうか。[26] ここで社会的圧力の話になります。[27] 規範に従わなかったときに居心地が悪いと感じたことはありませんか。

[28] **学生：**はい、レストランでチップを置くべきだと知らなくて、恥ずかしい思いをしました。

[29] **教授：**その通りです！ チップは法律で強制されているわけではありませんが、多くの人がチップを置くのは、それが社会的規範と考えられているからです。これに反すると社会的な圧力がかかります。[30] 社会的規範に従わないと、他者から不満げにされ、社会的圧力を受けることがあります。[31] その違和感や恥ずかしさにより、私たちはより順応していくのです。[32] そしてこれは両方向に働きます。規範に従えば、人々はそれを評価し、その行動を助長します。[33] この社会的評価があれば人々はその行動を維持し続けるわけです。[34] しかし、社会的規範は時間とともに変化することもあります。[35] 時には、特定の規範の正当性が疑問視され始めるのですが、これは「規範の変化」とも呼ばれます。

[36] 実際の例を見てみましょう…喫煙に対する態度の変化です。[37] 50年から60年前、公共の場での喫煙は普通で、誰も気にしていませんでした。[38] レストランや飛行機、さらに病院でも人々は喫煙していました。[39] しかし、時がたつにつれて社会的態度が変わりました。[40] より多くの人々が喫煙に反発し始めました。[41] 現在では、多くの公共の場で喫煙することは失礼、あるいは違法とさえされています。[42] これはかつて広く受け入れられていた社会的規範が、時がたつにつれて社会によって拒絶された明確な例です。[43] ですから、規範は固定されたものではなく、社会の変化とともに進化し得るのです。

[44] さて、皆さんの多くは、なぜ、ある規範は変わり、あるものはそのまま残るのか疑問

に思うでしょう。[45] それは、多くの場合、その規範がまだ役に立っているかどうかにかかっています。[46] 喫煙の場合、人々がその健康リスクをより認識するようになるにつれて、公共の場での喫煙という古い規範が意味を成さなくなったのです。[47] しかし、個人の空間を尊重するなどの他の規範は、社会的な交流を円滑に保つために役立っているため、今でも意義を持ち続けています。

Q23 この講義の主な内容は何か。

(A) 社会的規範が人々の行動にどのような影響を与えるか
(B) 社会秩序の維持における法律の役割
(C) フォーマルな社会ルールとインフォーマルな社会ルールの違い
(D) 社会的規範は時代とともにどのように変化してきたか

正解：A

🔍 **解説** 教授は第一声で、教授は社会的規範 (social norms) について話すと切り出した上で [1]、その社会的規範が、どのように人の行動に影響を与えるのか、という話を展開しています。列に割り込まないのは、法律で禁止されているからではなく、社会的な秩序を保つための枠組みとして、社会に根付いている規範だからであると説明したり [13]-[14]、道で大声で叫んだら注意をされるであろうという事例を示したり [23]、具体的な行動を取り上げ、social norms が人々の行動に影響を与えるという点について講義を展開しています。講義の最後に、social norms も時代とともに変化するという話はありますが、これは決して講義のメインポイントではありません。

Q24 教授は頬にキスをするあいさつについて説明した。教授はこの事例についてどのように述べているか。

(A) （この事例は）普遍的な文化的規範を説明している。
(B) （この事例は）いかに異なる文化が同じ社会的規範を持っているかを説明している。
(C) （この事例は）社会的規範が個人の好みに基づくことはまれであると強調している。
(D) （この事例は）社会的規範が文化によってどのように異なるかを示している。

正解：D

🔍 **解説** 教授は、頬にキスをするというあいさつは、ある文化ではごく普通だが、他の文化では行きすぎたあいさつであり、また場合によっては訴えられることもある、と説明しています [6]。同じ行動が異なる文化においていかに異なった形で受け止められるのか、という事例となっており、(D) が正解となります。(B) を選んだ人は、感覚的に選んでしまいがちな傾向があるので、しっかり読んで、文の意味を考えて解きましょう。

170

Listening

Q25 教授によると、社会適応 (socialization) とは何か。

(A) 家族の影響のみから学ぶ学習プロセス

(B) さまざまな社会的状況に適応する能力を得ること

(C) 他者との相互関係を通して社会のルールを学ぶこと

(D) 社会的ルールを法律の枠組みで理解すること

正解：C

解説 [16]-[21] において、社会的規範は親を含め家族から学ぶところが大きいが、家族だけではなく、学校や友達、メディアからも常に学んでいるものだ、という趣旨の話が展開されています。親だけではなく、学校、友達、メディアから学ぶ、というところが、(C) の「他者との相互関係」に当たり、この選択肢が正解となります。(B) は、実社会においてはこのような意味で使われるシチュエーションはあり得ますが、この講義の中で出てきたコンセプトではありません。TOEFL（および ETS が展開する GRE などの他のテストも含め）ではあくまで書いてある内容、聞いた内容を基に選択肢を選ぶことが求められます。

Q26 講義によると、社会的規範（social norms）はどのように強制されるか。

答えを二つ選びなさい。

(A) 法の執行を通して

(B) 社会的圧力によって

(C) 規範の変更を通して

(D) 社会的承認を通して

正解：B D

解説 社会的圧力 (social pressure) については、[26]-[31] において、社会的規範に逆らうと、圧力が生じ、それが人の行動を制御していくという説明があり、この部分から (B) が正解の一つとなります。また、社会的承認 (social approval) については、[32]-[33] において、ある行動が規範に沿っていると社会から評価され、人の行動を維持させていくという説明がなされており、(D) も正解の一つとなります。社会的規範 (social norms) は変化していくという説明がこの箇所以降に続いていますが、「社会的規範はどのように強制されるか」という問題への答えにはなっていません。

Q27 教授は、長い世代にわたり残り続ける社会的規範（social norm）の特徴は何だと述べているか。

(A) 多くの人が絶対に必要だと信じている。

(B) 法律によって正式に守られている。

(C) 社会に有意義な価値をもたらす。

(D) さまざまな異なる文化の人に受け入れられている。

正解：C

171

解説 講義の終盤で、その規範が社会に役に立つものなのか否かが、ずっと社会に残っていく規範になるか否かを左右している、と述べられています [45]-[47]。喫煙については社会に有意義な価値をもたらすものではなかったため、時代とともに変化していった（受け入れられなくなっていった）と説明しています [46]。

Q28 講義の一部をもう一度聞いて、質問に答えなさい。

教授：「社会的規範」とは何かわかる人はいますか。
学生：ええと、社会で守るべきルールのことですか。
教授：ちゃんと勉強してきているようですね！
このセリフで教授は何を言おうとしているのか。
教授：ちゃんと勉強してきているようですね！

(A) その学生はすでに宿題を提出した。

(B) 学生たちはしっかり勉強しているようだ。

(C) その解答は完全に正しいわけではない。

(D) 教授が出した問題は簡単すぎた。

正解：B

解説 宿題 (homework) という言葉を使っていますが、逐語的に文字通りの意味というよりは、「ちゃんとすべき勉強をしてきましたね」という趣旨を隠喩的に表したセリフです。(A)は、宿題を提出した、という意味ですが、この授業中に「あなたは宿題を提出しましたね」と言いたいわけではないのです。この Listen again の問題では、逐語的意味を取るというよりは、この場面で、このトーンで、このように発言しているのはなぜのかと、流れを含めて話し手の意図を考えてみましょう。

Speaking

Task 1 🔊 **56**

次の意見に賛成ですか、反対ですか。その理由を、詳細と例を含めて説明してください。

学生たちは学校で多くのテストを受けることにより、よりよく学ぶことができる。

サンプル解答 　100点ターゲット 🔊 **61**

I agree with the idea that students learn better if they are required to take many tests. The main reason is that, by going over the same contents several times, students can deepen their understanding. Yet, the reality is that most students do not have that much motivation for studying. They don't really study as much as they are supposed to unless they are forced to. That's why tests are important. For example, when I was a university student, I learned neuroscience. I loved the subject, but still, I was often reluctant to open my textbook. However, I had to study for the quizzes, and midterm and final exams. As a result, I could review the content and learn to the fullest. （122語）

（ サンプル解答の訳 ）

多くのテストを要求された方が、学生の学習効果が高まるという考えには賛成です。主な理由は、同じ内容を何度も繰り返すことで、学生の理解が深まるからです。しかし、現実はというと、ほとんどの学生がそれほど勉強する意欲を持っていないものです。強制されなければ、本来すべきほどの勉強をしないです。だからテストが重要なのです。例えば、私は大学生のとき、脳神経科学を学んでいました。その科目は大好きでしたが、それでも教科書を開くのはしばしば億劫でした。しかし、小テスト、中間テスト、期末テストのために勉強しなければならなかったわけです。その結果、内容を繰り返し学び、最大限に学ぶことができました。

模擬試験　解説編

メモ

> *agree*
> *go over → deepen U*
> *low motiv*
> *unless forced*
> *univ, neuro*

Task 2　🔊 57

大学の新しい方針を読みなさい。読む時間は50秒です。それでは読み始めなさい。

（パッセージの訳）

新デジタル教科書プログラム
本校では、来学期から新しいデジタル教科書プログラムを導入します。大学のオンライン学習プラットフォームを通じて、すべての教科書が電子版で使用できるようになります。デジタル版は紙版の教科書よりも20パーセントから30パーセント安くなりますので、この変更により学生の経済的負担は軽減されることになります。さらに、電子版では、検索機能、ハイライトツール、インタラクティブな学習ガイドなどの学習機能が強化されています。

（スクリプト）

Now listen to two students discussing the new policy.

M: Hey, did you hear the announcement about switching to digital textbooks?

F: Yeah, I did, but I'm not sure it's such a great idea.

M: Really? I thought the cost savings would be appealing to students.

F: Well, it looks like a good deal, but it actually isn't. You have to have your own digital device. Not all students have one, meaning that many students have to pay a good amount of money upfront. And price-wise, the digital versions are 20-30 percent cheaper than brand-new books. Compared to used books, which lots of student use, the digital version can be even more

Speaking

expensive in many cases.

M: Hmm. I hadn't thought about that. You have a point, but what about all those interactive features they mentioned?

F: That's another issue. Sure, advanced technology looks cool, but I mean... do we really need them? We can use the Internet to search for information. And why don't we just use pens to highlight sentences? Most of those technical functions are not really needed.

M: I see. I must agree.

F: I mean... have you used the digital platform?

M: Honestly, I haven't.

F: I have, and the thing is that, sometimes the platform is slow or crashes during peak times, like during finals week when everyone's studying. With a paper textbook, you never have to worry about technical problems.

M: Oh, I hadn't thought about that, either.

スクリプトの訳

2人の学生が新しい方針について話すのを聞きなさい。

M: ねえ、デジタル教科書への切り替えについての発表、聞いた？

F: ええ、聞いたわ。でも、それが本当にいいアイデアかはわからないわね。

M: そう？　学生にとってはコスト削減は魅力的なことだと思ったけど。

F: まあ、一見お得に見えるけど、実際にはそうでもないのよ。電子機器を持ってなきゃいけないわけでしょ？　学生全員が持っているわけじゃないから、かなりの学生がまずデバイスをかなりの金額で前払いしないといけないわ。それに、デジタル版は新品の教科書より2、3割安いということで、多くの学生が使っている中古の本と比べると、むしろ高くつくことも多いのよ。

M: それは考えたことなかったな。確かに一理あるね。でも、インタラクティブ機能についてはどう思う？

F: それも問題ね。もちろん、先進的な技術は魅力的に見えるけど、本当に必要なのかしら？インターネットで情報を調べればいいし、文章をハイライトするのもペンで十分じゃない？ほとんどの技術的な機能は、実際には必要ないわ。

M: なるほど、確かにそうかもね。

F: 実際にこのオンライン学習プラットフォームを使ったことある？

M: 正直に言うと、ないんだよね。

F: 私はあるの。でもね、ピーク時、特に期末試験でみんなが勉強している時期には、動作が遅くなったり、クラッシュしたりするのよ。紙の教科書なら、そんな技術的な問題は一切心配しなくていいわ。

M: それも考えたことなかったな。

女性は新しいデジタル教科書プログラムについて意見を述べています。プログラム内容を簡潔に説明し、その上で彼女の意見を述べ、その意見を持つに至った理由を説明しなさい。

サンプル解答　　100点ターゲット　🔊 62

There was an announcement from the school. According to the announcement, all textbooks will be available in digital format. This is expected to reduce costs for students and provide enhanced learning features. Two students are discussing the issue, and the female student disagrees with the program.

First, she says that not all students have digital devices, and purchasing one could be expensive. She also mentions that while it is true that digital textbooks are cheaper than new printed books, they can still cost more than used books.

Second, she argues that the interactive features are unnecessary. Students can use tools like the Internet to search for necessary information. And they can just use pens to highlight important parts. Additionally, she points out that the university's digital platform is unreliable. It often gets slow or crashes during peak times like finals week.

For these reasons, the female student disagrees with the announcement.
（151語）※赤い下線のオプション部分を省くと128語

（ サンプル解答の訳 ）

学校からお知らせがありました。そのお知らせによると、すべての教科書がデジタル形式で使用可能となるとのことです。これにより、学生へのコスト削減と学習機能の強化が期待されるということです。2人の学生がこの問題について議論しており、女子学生はこのプログラムに反対しています。

まず、すべての学生が電子機器を持っているわけではなく、購入するのに高額な費用がか

Speaking

かる可能性がある、と彼女は言っています。また、デジタル教科書が新品の紙の教科書よりも安いのは事実ですが、それでも中古の教科書よりは高い場合がある、と彼女は指摘しています。

次に、インタラクティブな機能は不要だと彼女は主張しています。必要な情報はインターネットなどを使えば調べられるし、大事な部分にはペンでハイライトするだけで十分だという主張です。さらに、大学のデジタルプラットフォームは信頼性が低いと彼女は指摘しています。期末試験の時期などのピーク時には、動作が遅くなったり、クラッシュしたりすることがよくあるそうです。

これらの理由から、彼女はこのお知らせに反対しています。

メモ

```
R
announcement sch
textbooks → digital
cost ↓   enhanced features

L
F disagrees

1
not all students,
have to buy
expensive
digital B < new paper B
digital B > used paper B

2
features X necess
Int → search
pens → highlight
+ slow, esp peak times
```

模擬試験　解説編

Task 3 🔊 58

芸術史の教科書の一節を読みなさい。読む時間は45秒です。それでは読み始めなさい。

(パッセージの訳)

模倣芸術（イミテーションアート）

模倣芸術（イミテーションアート）とは、他のアーティストの作品のスタイル、テクニック、テーマをよく観察し、模倣することを指す。模倣作品を制作する際、芸術家は正確なコピーを作ろうとしているわけではない。むしろ、卓越した巨匠から学ぼうとしているのである。模倣芸術は、基本的なデザイン、色使い、感情表現など、芸術のさまざまな側面を理解するための不可欠な学習ツールとして機能するものだ。時間をかけて名作を模倣することで、芸術家は技術を向上させ、独自のスタイルを確立することができるようになるのだ。

(スクリプト)

Now, listen to part of a lecture on this topic in an art history class.

Artists employ various methods to enhance their skills. One powerful approach is known as imitational art. By imitating works that have inspired them, artists can grasp the essence of these pieces. They can then add their own unique perspectives and create original works. A well-known example is the sculptor Auguste Rodin. Auguste Rodin is a famous French sculptor, who is also known as the founder of modern sculpture. He deeply admired Michelangelo's works, such as *David*... or *Pietà*. Rodin studied Michelangelo's sculptures intensively and repeatedly, particularly the figures' muscular details. He imitated those masterpieces many times. After some time, Rodin started to incorporate crucial elements of Michelangelo's works into his own sculptures. One of his most famous sculptures is *The Thinker*. I think all of you have seen or at least heard about this famous sculpture, *The Thinker*, at some time in your life. The figure's pose and muscular tension strongly reflect Michelangelo's influence. Rodin didn't merely copy Michelangelo's works; he absorbed the techniques and by making the best

Speaking

use of the techniques he learned, he created a new style that reflected his unique personal vision. This example illustrates how imitation in art isn't just copying but a step towards creating something original and deeply personal, informed by the mastery of a previous artist.

スクリプトの訳

それでは、芸術史の授業で、この話題に関する講義の一部を聞きなさい。

芸術家はさまざまな方法を用いて自らの技術を高めようとします。その強力なアプローチの一つが模倣芸術です。インスピレーションを受けた作品を模倣することで、芸術家はその作品の本質をつかむことができるようになっていきます。そして、それに独自の視点を加えてオリジナルな作品を生み出すことができるようになるのです。有名な例としては、彫刻家のオーギュスト・ロダンが挙げられるでしょう。オーギュスト・ロダンはフランスの有名な彫刻家で、近代彫刻の創始者としても知られている人物です。彼は『ダヴィデ像』や『ピエタ像』など、ミケランジェロの作品を深く敬愛していました。ロダンはミケランジェロの彫刻、特にモデルの筋肉描写のディテールを集中的に繰り返し研究しました。彼はそれらの傑作を何度何度も模倣したのです。時がたち、ロダンはミケランジェロの作品の核心的な要素を自分の彫刻に取り入れるようになっていきました。彼の最も有名な彫刻の一つに『考える人』があります。この有名な彫刻『考える人』については、誰もが一度は人生のある時点で目にしたり、少なくとも耳にしたりしたことがあるかと思います。この『考える人』のポーズや筋肉の緊張感には、ミケランジェロの影響が色濃く反映されています。ロダンは単にミケランジェロの作品を模倣したのではなく、技法を吸収し、その習得した技法を最大限に活用することで、彼独自のビジョンを反映した、新しいスタイルを生み出したのです。この例からわかるように、芸術における模倣は単なるコピーではなく、先代の芸術家の卓越した技法から情報を得て、独創的で極めて個性的な作品を創造していくためのステップなのです。

講義のオーギュスト・ロダンの例を用いて、模倣芸術とその芸術発展への役割について説明しなさい。

模擬試験　解説編

サンプル解答　100点ターゲット　◀》63

The passage introduced the concept of imitational art. Artists observe the style of other artists to learn important techniques and develop their own skills. This approach is called imitational art.

The professor discussed Auguste Rodin, a famous sculptor, to illustrate this concept. Rodin admired Michelangelo's works and studied them intensively. He imitated the muscular details of Michelangelo's masterpieces repeatedly. Eventually, he incorporated these techniques into his own sculptures, such as *The Thinker*. The pose and muscular tension in *The Thinker* strongly reflect Michelangelo's influence. However, his work is not just a copy of Michelangelo's works. Rather, Rodin added his own unique vision to his work. Through such imitational art, he was able to create something original and personal.

This is how the professor explained the concept of imitational art.
（132語）

（サンプル解答の訳）

> パッセージで、模倣芸術のコンセプトが紹介されました。芸術家は重要な技法を学び、自身のスキルを高めるために、他の芸術家のスタイルを観察します。このアプローチは模倣芸術と呼ばれます。
>
> 教授は、有名な彫刻家であるオーギュスト・ロダンを取り上げ、このコンセプトを説明しました。ロダンはミケランジェロの作品に感銘を受け、それらを熱心に学びました。彼はミケランジェロの傑作に見られる筋肉の細部について何度も模倣しました。そして、彼はこれらの技法を自分自身の彫刻作品、例えば『考える人』に取り入れるに至りました。『考える人』のポーズや筋肉の緊張感は、ミケランジェロの影響を色濃く映し出してしています。しかし、ロダンの作品は単なるミケランジェロの作品のコピーではありません。むしろ、ロダンは自身の独自のビジョンを作品に加えました。模倣芸術を通じて、彼は独創的で個性的な作品を生み出すことができたのです。
>
> 教授は模倣芸術のコンセプトをこのように説明しました。

Speaking

メモ

> R
> imitational art
> observe others' art
> develop skills
>
> L
> Rodin ロディン (sculptor)
> admired ミケランジェロ
> imitated his masterP
> muscular
> incorporated his work
> e.g. the thinker
> influenced
> not just a copy
> added unique vision
> orig & personal

模擬試験　解説編

Task 4　🔊 59

（スクリプト）

Listen to part of a talk in a psychology class.

OK, so today's topic is the Dunning-Kruger Effect. The Dunning-Kruger Effect is a cognitive bias that causes people to misjudge their own skills. There are two types in the Dunning-Kruger Effect: overestimation and underestimation.

Let's start with that first one, overestimation. This occurs when people with low ability in a certain area overestimate their skills—they think they're better than they actually are. This happens because they don't have enough experience to accurately judge their own performance. For example, my 14-year-old son started learning how to play the guitar... like a few months ago. After only a few weeks, he began to say he is ready to perform for an audience. But the reality was that he had just learned a few basic chords. He was overestimating his skill level. At our cousin's birthday party, he played the guitar, and well... to be honest, none of the songs were good. It appears other family members were feeling the same way.

Now, let's look at the opposite—underestimation. This happens when people with high ability actually underestimate their skills. They are competent, but still, they assume that everyone else is just as skilled as they are. They don't recognize their own expertise, so they don't give themselves enough credit. So here comes my son again. While he is not a great musician, at least as of now, he is really good at drawing pictures. I saw the sketches and paintings he made in his art class, and... frankly, they were all excellent! I praised him many times, but he was like... "Oh, this is nothing special." His paintings are amazing, from the use of color to the brush strokes, to the detail. Well, I am confident in my painting, but he is better than I am. Yet, he still insists that he is not that special. Or, is it that I am overestimating myself?

Speaking

スクリプトの訳

心理学の授業の一部を聞きなさい。

今日のテーマは「ダニング=クルーガー効果」です。ダニング=クルーガー効果とは、人が自分の能力を誤って判断してしまう認知バイアスのことです。ダニング=クルーガー効果には、過大評価と過小評価の2種類があります。

最初の過大評価からいきましょう。これは、ある分野で能力の低い人が、自分のスキルを過大評価することで、自分が実際よりも優れていると思い込む現象を指します。これは、自分のパフォーマンスを正確に判断するのに十分な経験がないために起こるものです。例えば、私の14歳の息子は、数カ月前からギターを習い始めました。わずか数週間後、彼はオーディエンスの前で演奏する準備ができた、と言い始めたのです。しかし現実はというと、いくつかの基本的なコードを覚えただけだったわけです。彼は自分の技術レベルを過大評価していたのですね。彼はいとこの誕生日パーティーで、ギターを弾いたのですが、そうですね…正直なところ、どの曲も良くはありませんでした。他の家族も同じように思っているでしょう。

では、逆の過小評価を見てみましょう。これは、実は能力の高い人が、自分の能力を過小評価しているケースです。実際には有能なのですが、他の誰もが自分と同じようなことができると思い込んでいます。自分の熟練度を認識していないので、自分自身に十分な評価ができていないのです。ここでまた息子の話に戻ります。彼は、少なくとも今現在において、優れたミュージシャンではありませんが、絵を描くのは得意なようです。彼が美術の授業で描いたスケッチや絵を見ましたが…率直に言って、どれも素晴らしいものでした！何度も褒めたのですが、彼は…「ああ、これは特別なことじゃないよ」という感じでした。彼の絵は色使いから筆使い、細部に至るまで素晴らしいものだと思います。まあ、私も自分の絵には多少自信があるのですが、彼は私より上手だと思います。しかし、彼はやはり自分はそれほど特別ではないと主張するのです。というか、私が自分自身を過大評価しているのでしょうか。

講義のポイントと事例を用い、教授が挙げた2種類のダニング=クルーガー効果について説明しなさい。

模擬試験　解説編

サンプル解答　　**100点ターゲット**　　🔊 **64**

The professor discussed the Dunning-Kruger Effect. There are two types: overestimation and underestimation.

The first type is overestimation. According to the professor, it occurs when people with low ability overestimate their skills. For example, his 14-year-old son recently started learning guitar. He believed he was ready to perform in front of people. However, the reality was that he had learned only basic chords. Naturally, his performance at a family event was not good. He had overestimated his skill.

The second one is underestimation. It happens when skilled individuals fail to estimate their true abilities. They assume that others are equally skilled. The professor says his son is talented at drawing. However, his son just said his works are nothing special. This young boy is not aware of his excellent skills.

This is how the professor explained the two types of the Dunning-Kruger Effect. （143語）

⌒⌒⌒⌒⌒⌒⌒⌒⌒⌒
（ **サンプル解答の訳** ）

教授はダニング＝クルーガー効果について説明しました。この効果には「過大評価」と「過小評価」という二つの種類があります。

最初の種類は「過大評価」です。教授によると、これは能力が低い人が自分のスキルを過大に評価する場合に起こります。例えば、教授の14歳の息子は最近ギターの練習を始めました。彼は自分が人前で演奏する準備ができていると思い込んでいました。しかし実際には、彼は基本的なコードを覚えただけでした。当然ながら、家族のイベントでの演奏はうまくいきませんでした。彼は自分のスキルを過大評価していたのです。

二つ目の種類は「過小評価」です。これはスキルの高い人が自分の能力を正確に評価できない場合に起こります。他人も自分と同じくらいのスキルを持っていると考えてしまうのです。教授は、息子は絵を描くのは得意だと言っています。しかし、息子の方は「特別なことはない」と答えました。この少年は自分の優れたスキルに気づいていないのです。

教授はこのようにダニング＝クルーガー効果の二つの種類を説明しました。

Speaking

メモ

ダニン・クルーガー effect
2 types, over- under-estimation

1
overestimation
P w/ low skill → overestimate
e.g. his son (14)
started guitar
ready, audience
only basic chords
pafo not good

2
underestimation
P w/ high skill → underestimate
equally skilled
e.g. son,
talented, drawing
P: talented / S: nothing sp
not aware

模擬試験　解説編

Writing

Integrated Task 🔊 60

指示： この課題では、学術的なトピックに関するパッセージを3分で読みます。その後、同じトピックに関する講義を聞きます。

書く時間は20分です。答えでは、講義の内容を詳しく要約し、講義とパッセージとの関連性を説明しなさい。答えを書いている間、パッセージを見ることができます。

まず、パッセージが表示されます。その後、講義が続きます。

(パッセージの訳)

オルメカ文明の衰退についての謎は、長い間、歴史家たちを困惑させてきた。オルメカ文明は紀元前1500年頃から紀元前400年頃まで、メキシコ中南部の熱帯低地で栄えた。この古代文明はメソアメリカ文化の母体となるものだと考えられている。その文明崩壊を説明するための説として、環境の変化、経済的混乱、社会内部の対立に関するものなど、いくつかの説が提唱されている。

最初の説は、環境の変化がオルメカ衰退の主な原因であるとするものだ。この説によると、オルメカ人は厳しい環境問題に直面していた。特筆すべきは、川が流れる場所の著しい変化である。この時代の人々の生活はコアツァコアルコス川に依存していた。この川は時折洪水していた。その洪水はコミュニティとその農業基盤を崩壊させたのだ。その結果、農作物の生産を続けることが難しくなり、食糧不足となり、やがて没落していったというわけだ。

二つ目の説は、経済的側面、特に貿易に焦点を当てたものである。この説は、オルメカの他地域との貿易ルートがライバル文明によって途絶されたのだと主張している。例えば、オルメカは人々にとって重要な天然資源であるヒスイをグアテマラから輸入していた。しかし、初期マヤのような対抗文明が台頭し始め、貿易ルートを支配するようになった。貿易ネットワークが変化し、確立された貿易システムの崩壊は、必要な資源の獲得や経済基盤の維持に深刻な影響を与えた。

第3の説は、社会内部の不安定性に焦点を当てたものである。このアプローチは、オルメカ文明がエリートと非エリートの対立によって弱体化したことを示唆している。エリートは丘や台地の上部に住んでいた。彼らは高級品を備えた精巧な建物に住み、仕事をしていたが、庶民はそれよりもはるかに貧しかった。この社会階層化は社会の緊張を招き、最終的には憤慨した庶民がエリートの生活を破壊するに至った。このことは、平民たちによって破壊されたとされる多くの豪華な建物や陶器などの品物の存在により証明されている。

Writing

スクリプト

Now listen to part of a lecture on the topic you just read about.

Fundamentally, the lack of written records makes it extremely difficult to determine the validity of each theory. However, after a series of careful analyses, I would conclude that none of these theories is fully convincing.

First, the environmental change theory. Sure, it sounds plausible that environmental challenges could destroy a civilization. But here's the thing: the Olmec had already survived multiple environmental challenges including the changes of river directions over centuries. They were incredibly adaptable people who had developed sophisticated agricultural techniques. Large floods did occur, but not every year. They occurred every few decades, and the Olmec people could restore their agricultural foundation without problems. Besides, other nearby civilizations survived similar environmental conditions, which makes this theory seem weak.

Next, we've got the economic disruption theory. There's no doubt that trade was crucial to the Olmec civilization, as it was to any civilization. Yes, changes in trading could cause problems. But this can't be the cause of the fall. Jade imported from Guatemala is a green precious stone. In Olmec, it was used for accessories. Sometimes it was used for religious and ceremonial purposes. But I mean... unlike clean water, salt, or iron, precious stones like jade are not vital for people's lives. And remember, Guatemala was not the only trading partner. The Olmec traded with many other partners and were able to import essential items from them.

Finally, the internal social conflict theory. Well, remember that internal conflicts happen in almost all societies. Even today, almost all nations have some kind of internal conflicts. Do we all fall apart and disappear because of that? No. Therefore, this theory is not convincing, either. To be more specific, the article says that lots of luxurious buildings and goods were destroyed, and this is a sign of conflict between elites and common people. But we still don't know who or what destroyed the structures. It may have been disasters like tornadoes. Or, it may have been natural decay that happened long after the civilization came to an end for other reasons.

スクリプトの訳

では、今読んだトピックに関する講義の一部を聞きなさい。

そもそも論として、文書による記録がないため、各説の妥当性を判断するのは極めて困難です。しかし、慎重に分析した結果、どの説も十分な説得力を持ち得ないというのが私の結論です。

まず、環境変化説です。環境問題が文明を滅ぼすというのはもっともらしく聞こえますよね。しかし、オルメカはすでに何世紀にもわたって、川の流れが変わるなどの環境的困難を何度も乗り越えていました。人々には驚くほど適応力があり、洗練された農業技術も開発していました。大洪水は確かに起こってはいましたが、毎年ということではありません。大洪水は数十年に1度起こる程度であって、オルメカ人は問題なく農業基盤を回復することができたのです。その上、近隣の他の文明も同じような環境条件でも存続し続けているわけで、やはりこの説には説得力はありません。

次に、経済的混乱説です。他の文明にとってそうであったのと同様に、貿易がオルメカ文明にとって極めて重要であったことは間違いないことです。そう、貿易の変化が問題を引き起こす可能性はあります。しかし、これが没落の原因だというのは違います。グアテマラから輸入されたヒスイは緑色をした宝石です。オルメカではアクセサリーに使われていました。宗教的、儀式的な目的で使われることもありました。しかしですね…きれいな水や塩、鉄と違って、ヒスイのような宝石は人々の生活に欠かせないもの、ということではありません。それに、グアテマラだけが貿易相手というわけではありませんでした。オルメカは他の多くの相手と貿易し、必要な品物を輸入することができていました。

最後に、社会的内部対立についての説です。内部対立は、ほぼすべての社会で起こっていることですよね。今日でも、ほとんどの国が何らかの内部対立を抱えています。だからといって、私たち全員がバラバラになって消えてしまうのでしょうか。そうではありません。したがって、この説も説得力がありません。具体的には、豪華な建物や品物がたくさん破壊されており、それはエリート層と庶民層との対立の表れだというのが記事が述べていることです。しかし、誰がその建物を破壊したのかはまだわかっていません。竜巻のような自然災害かもしれません。あるいは、文明が他の理由で終焉を迎えてから長い年月を経て起こった自然崩壊かもしれません。

Writing

指示：20分間で解答を考え、書きなさい。通常、適切な解答は150語から225語です。

設問：講義で指摘された点を要約し、それがパッセージで指摘された具体的な点にどう疑いを投げかけているかを説明しなさい。

サンプル解答　　100点ターゲット

The topic of the discussion is the decline of the Olmec civilization. The reading passage presents three theories to explain this decline. However, the lecturer casts doubt on all these explanations.

First of all, the passage explains that environmental changes, such as changes in river courses, caused the Olmec decline. The Coatzacoalcos River, which supported Olmec people's agriculture, experienced severe floods, and this disrupted food production. To the contrary, the lecturer argues that the Olmec people were adaptable and had survived similar challenges. He explains that a large flood occurred once every few decades, not every year. The Olmec people had enough time to recover. He adds that nearby civilizations faced similar conditions and did not collapse. This weakens this theory.

Next, the passage suggests that economic disruption, particularly in trade, led to the fall of the Olmec. It states that rival civilizations, like the early Maya, disrupted trade routes, preventing the Olmec from acquiring resources such as jade. On the other hand, the lecturer argues that jade was primarily used for decorative or religious purposes; unlike clean water or salt, it was not vital for survival. Furthermore, according to the lecturer, the Olmec had multiple trading partners and could have secured essential items through other channels.

Lastly, the passage argues that internal social conflict between elites and non-elites contributed to the decay of the entire civilization. The destruction of luxurious buildings and goods suggests an uprising by the common people. However, the lecturer claims that conflicts occur in most societies today, but few of them collapse. He also notes that evidence for destruction could be attributed to something else, such as natural disasters or decay that took place long after the civilization came to an end, rather than deliberate destruction by the commoners.

In summary, the passage proposes three theories to explain the decline of the Olmec civilization. However, the lecturer says none of them are fully convincing.
（319語）

模擬試験　解説編

（サンプル解答の訳）

議論のテーマはオルメカ文明の衰退についてです。パッセージは、この衰退を説明するための三つの説を提起しています。しかし、講師はこれらのすべての説明に疑問が投げかけています。

まず、パッセージは、河川の流路の変化などの環境変化がオルメカ文明の衰退を引き起こしたと説明しています。オルメカの人々の農業を支えていたコアツァコアルコス川は大洪水に見舞われ、これにより食料生産が混乱したというのです。それに対して講師は、オルメカの人々は適応力があり、同様の困難を乗り越えてきたと主張しています。彼によると、大洪水は数十年に1度発生するものであり、毎年起こるわけではありませんでした。オルメカ人には回復する十分な時間がありました。さらに、近隣の文明も同じ条件に直面しましたが、崩壊はしなかったと彼は説明しています。よってこの説は脆弱であるということです。

次に、パッセージでは、経済的混乱、特に貿易の混乱がオルメカの衰退を招いたと述べられています。初期マヤ文明のようなライバルの文明が交易路を妨害し、オルメカはヒスイのような資源を手に入れられなくなったというのです。一方で、講師は、ヒスイは主に装飾品や宗教的な目的で使われていたため、きれいな水や塩のように生存に不可欠なものではないと主張しています。さらに、講師によると、オルメカには複数の貿易相手がいたため、他のルートを通じて必要な物資を確保できたはずだということです。

最後に、パッセージでは、エリート層と非エリート層間の社会内部の対立が文明全体の衰退を引き起こしたと論じています。豪華な建物や物品の破壊は、一般市民による反乱を示唆しているというのです。しかし、講師は、現代のほとんどの社会でも対立は起こっているが、その結果崩壊する例はほぼないと主張しています。また、破壊の跡については、自然災害や、文明の終焉から長い時間が経過した後に起こった風化によるものかもしれず、必ずしも一般市民による意図的な破壊とは限らないと指摘しています。

まとめると、パッセージはオルメカ文明の衰退を説明する三つの説を提案しています。しかし、講師は、そのいずれについても完全な説得力はないと述べています。

190

Writing

メモ

R

L
<u>1 env change</u>
could adapt
similar, survived
X every year   O - few decade
enough T recov
nearby civ OK

<u>2 eco disruption</u>
jade → decorative, religious
unlike water, salt
not vital
many partners

<u>3 conflicts</u>
conflicts in modern S
few collapse
destruction? disaster
decay after ended

模擬試験　解説編

Academic Discussion Task

指示：この課題では、オンラインディスカッションを読みます。教授があるトピックに関する質問を投稿し、何人かのクラスメートが自分の考えを返信しています。

議論に貢献する返答を書きなさい。答えを書く時間は10分です。

（ディスカッションの訳）

教授が科学と倫理に関する授業をしています。教授の質問に答える解答文を書きなさい。

解答文には、以下の要素を含めなさい。
・自分の意見に対するサポートを述べる。
・自分の言葉でディスカッションに貢献する。

適切な解答は少なくとも100語以上含むものとします。

ヒル教授

次回の授業では、医療と公衆衛生の分野における倫理の意義について取り組んでいきます。具体的には、科学の研究における動物実験について議論します。動物実験は医学的・科学的知識を進歩させるために必要だと主張する人もいます。一方で、動物実験は非人道的であり、全面的に禁止すべきだという意見もあります。あなたはどちらの意見により賛成ですか。

ジェシカ

私は、動物実験は必要だと考えます。無意味に動物に危害を与えることは正当化できませんが、動物実験は無意味ではありません。病気の治療法を見つけたり、薬の安全性をテストしたりといったメリットは非常に大きいものです。医学の進歩は数え切れないほどの人命を救ってきたわけですが、動物実験がなければ、こうした飛躍的進歩は滞ったり、失われたりしていたかもしれません。

マイク

私は動物実験に反対です。人間の利益のために動物を犠牲にし、苦しめるのは非倫理的です。コンピューターモデリングのような代替方法を使えば、医療技術を進歩させ、公衆衛生に貢献することができるはずです。このような代替手段は、非人道的な動物実験をほぼ不要にするものであると私は思います。

Writing

サンプル解答　**100点ターゲット**

This is a controversial topic, but I lean toward Jessica's opinion. As she says, the benefits of animal testing are enormous. I'd add that, more fundamentally, we humans have always relied on animals. We have been hunting them to get vitality and nutrition. Animals have also been utilized as livestock. In many senses, human lives have been dependent on those animals throughout our history. As long as we appreciate and respect the sacrificed life of the animals, this is not evil at least. For example, many of us eat meat, and we take medicine, which was developed after a series of animal tests. Humans are not wasting animals' lives. Having said that, we must never bring unnecessary pain to the animals. They must be treated with respect. In Japan, people say *itadakimasu*, literally meaning "I accept your life" before eating. We should never forget this feeling.

（150語）

（サンプル解答の訳）

これは論争を呼ぶテーマですが、私はジェシカの意見に寄っています。彼女が言うように、動物実験によってもたらされる恩恵は非常に大きいです。より根本的なことですが、私たち人間は動物に依存してきたということを私は追加で言及したいです。私たちは動物を狩ることで活力や栄養を得てきました。家畜としても利用してきました。歴史を通じて、多くの意味で人間の命、生活は動物に依存してきたのです。犠牲となった動物の命に感謝し、敬意を払う限りにおいて、これは少なくとも「悪」ではないと思います。例えば、多くの人は肉を食べ、一連の動物実験を経て開発された薬を服用しています。人間は動物の命を無駄にしているわけではありません。とはいえ、動物に不必要な苦痛を決して与えてはいけません。動物は敬意を持って扱われるべきです。日本では、食事の前に「いただきます」と言いますが、これは文字通り「あなたの命をいただきます」という意味です。この気持ちを決して忘れるべきではありません。

模擬試験　解説編

メモ

Jessica
benefit big

---

relied on
respect
itadaki

おわりに

　この書籍を手に取っていただき、ご使用いただきまして、ありがとうございました。この書籍が、あなたの将来の夢、ビジョンをかなえるために、お役に立てていることを願っております。

　TOEFL は、人生のすべてとは言わないまでも、自分の人生で進んでいく道に大きく影響を与えるテストです。ぜひ、その人生に大きな意味を与え得るテストにおいて、あなたができる限り効率的な勉強、対策を進め、目標としている点数を達成できることを心より願っております。

　また、この書籍に書かせていただいた内容以外にも、お伝えしたいことは山ほどあるのですが、紙面の都合上お伝えできていないこともさまざまあります。そうした情報をダウンロードしてご使用いただけるような特典ページをご用意しております。

ダウンロードはこちらから

https://startofu.online

　特典ページには、音読や書き写しのためのサンプル解答もあります。この書籍の効果をさらに高めるために、ぜひオンラインページで追加特典をダウンロードしていただき、さらなる点数向上のためにお役立ていただければと思います。

Have a good day!

Have a great future!

Have a wonderful life!

山内勇樹

出題傾向を徹底分析した最新のTOEFL単語集！

はじめて受ける人から
高得点をめざす人のための
TOEFL® テスト
英単語
超必須 3500

TOEFL iBT® テスト & TOEFL ITP® テスト対応

音声ダウンロード付　英単語アプリ付

山内 勇樹 著　定価：本体2,800円+税

TOEFL iBT® テスト満点の著者による
最速で最大限のスコアアップをするための単語集

本書の特長

❶ 出題傾向を徹底分析した最新の単語集。
❷ 全見出し語には本試験によく出る例文つき。
❸ スピーキングとライティングによく使われる単語にはアイコンを表示。
　 アウトプットの表現を磨くのに役立つ。
❹ コラム記事や「単語力強化法」で多彩な知識と応用力が身につく。
❺ 音声無料ダウンロードつきで耳からも学習できる。

書籍購入者特典　英単語アプリ

本書と内容が連動した英単語学習アプリ『TOEFL® テスト英単語 超必須 3500』（LEVEL 1 ～ LEVEL 3、分野別英単語）が無料で利用できるアクティベーションコード付。

全国書店にて好評発売中！

Jリサーチ出版

書籍の詳細はこちらから→

新形式に対応した模擬試験を5回分収録！

はじめて受ける人から
高得点をめざす人のための
TOEFL iBT® テスト
完全模試
5回分

音声ダウンロード付　Web模試5回分付

山内 勇樹 著　定価：本体5,000円+税

新出題形式完全対応！

TOEFL iBT® テスト満点の著者による
最速で最大限のスコアアップをするための
完全模試+リアルWeb模試5回分

本書の特長

❶ 最新出題傾向を徹底分析し本番に近い問題を厳選。
❷ 本番と同じようにパソコン受験ができるリアルWeb模試つき。
❸ Web模試は4技能全ての採点ができる (SWは有料)。
❹ スコアアップのポイントがわかる丁寧な解説。
❺ 問題は別冊で学習しやすい。

書籍購入者特典　Web模試5回分

本書の5回分の TOEFL iBT 模擬試験を本番と同じように PC で受験することができます。PC の操作やスピード感を体験しておくことは、高得点を狙う受験者にとって欠かせません。ぜひ模擬試験をご利用ください。

全国書店にて好評発売中！

Jリサーチ出版

書籍の詳細はこちらから→

著者紹介

山内勇樹　Yamauchi Yuuki

1980年、長崎県生まれ広島育ち。UCLA（カリフォルニア大学ロサンゼルス校）卒、脳神経科学専攻。TOEFL iBT テスト 120 点満点、TOEIC L&R テスト 990 点満点、TOEIC S&W テスト 400 点満点。英検1級、ビジネス英検1級。プロの通訳翻訳資格。ケンブリッジ英語教授知識認定 YL 保有。

独自の TOEFL 指導法には定評があり、多くの受講生のスコアを3カ月の指導で100点超えを含め、生徒のスコアを短期間で大幅にアップさせている。

留学の専門家でもあり、海外の大学、大学院、ビジネススクールに毎年多くの合格を出している。GRE、GMAT 等の対策から出願エッセイ、推薦状、resume、インタビューまで総合的に対応し、世界のトップ校への合格実績多数。

著書に『はじめて受ける人から高得点をめざす人のための TOEFL iBT® テスト完全模試　5回分』、『はじめて受ける人から高得点をめざす人のための TOEFL® テスト英単語　超必須3500』、『TOEIC® L&R TEST 990 点徹底スピードマスター』（以上、Jリサーチ出版）、『極めろ！TOEFL iBT® テスト スピーキング・ライティング解答力』（スリーエーネットワーク）、『世界のトップ大学に編入する方法』（ダイヤモンド社）など多数。

山内勇樹公式パーソナルページ：https://yamauchi-yuuki.com
著者による追加解説、特典コンテンツページ：https://startofu.online

カバーデザイン	花本浩一
本文デザイン／ DTP	アレピエ
編集協力	巣之内史規
校正協力	木村沙夜香
英文校正	ロバート・リード
ダウンロード音声制作	一般財団法人　英語教育協議会（ELEC）
ナレーター	Howard Colefield ／ Karen Haedrich ／ Jack Merluzzi ／ Vinay Murthy ／ Jennifer Okano
写真提供	iStockphoto

本書へのご意見・ご感想は下記URLまでお寄せください。
https://www.jresearch.co.jp/contact/

はじめて受ける人のための
TOEFL iBT®テスト完全対策　入門編

令和7年（2025年）5月10日　初版第1刷発行

著　者　　山内勇樹
発行人　　福田富与
発行所　　有限会社Jリサーチ出版
　　　　　〒166-0002　東京都杉並区高円寺北 2-29-14-705
　　　　　電話 03(6808)8801(代)　FAX 03(5364)5310　編集部 03(6808)8806
　　　　　https://www.jresearch.co.jp
　　　　　X（旧 Twitter）公式アカウント @Jresearch_　https://x.com/Jresearch_
印刷所　　株式会社シナノ パブリッシング プレス

ISBN 978-4-86392-641-7　禁無断転載。なお、乱丁・落丁はお取り替えいたします。
©Yuuki Yamauchi, 2025 All rights reserved.

書籍購入者特典 Web模擬試験

　本書のTOEFL iBT模擬試験を本番と同じようにPCで受験することができます。PCの操作やスピード感を体験しておくことは、高得点を狙う受験者にとって欠かせません。ぜひWeb模擬試験をご利用ください。

　Web模擬試験は習熟度や時間などに応じて、以下の4通りのモードで受験することができます。

Web模擬試験を利用するには、アクティベーションコードが必要です。アクティベーションコードの使い方は次のページをご覧ください。

アクティベーションコードの使い方

以下のアクティベーションコードを使うと、Web模擬試験が利用できます。

アクティベーションコード

←左側からゆっくりはがしてください

※シールは2枚重ねになっています。上の1枚をはがすと12桁のアクティベーションコードを確認することができます。
※シールは一度はがすと元に戻せません。アクティベーションコードは1回のみ利用可能です。アクティベーションコードに関するお問い合わせはWeb模擬試験ページからお願いします。
※最新情報はWeb模擬試験ページにてご確認をお願いいたします。
※このサービスは予告なく終了する場合があります。

アクティベーションコードの使い方

① PCで以下のURLにアクセス

https://www.jresearch.site/toefl-strategy-intro/

② 「初めての方はこちら」をクリックすると、「下記を入力してアクティベートしてください」と表示されたページが開く
③ アクティベーションコードのシールを左からゆっくりはがしコードを確認
④ メールアドレス、アクティベーションコード、パスワード、パスワード（確認）を入力して、「アクティベート」をクリック
⑤ 「アクティベートが完了しました」と表示されたページが開くので、「トップに戻る」をクリック
⑥ ①のページに戻るので、メールアドレスとパスワードを入力して「ログイン」をクリック
⑦ Web模擬試験のメニューページが開く

※一度アクティベーションコードを入力すると、次回以降はメールアドレスとパスワードだけで利用できます。

はじめて受ける人のための
TOEFL iBT®テスト 完全対策
入門編
別冊 模擬試験 問題編

TOEFL, TOEFL iBT and TOEFL ITP are registered trademarks
of Educational Testing Service (ETS).
This publication is not endorsed or approved by ETS.

Jリサーチ出版

模擬試験　問題編

CONTENTS

Reading ·· 2

Listening ··· 14

Speaking ··· 24

Writing ·· 28

Reading

35 minutes

Passage 1

The Migration Patterns of Monarch Butterflies

[1] Whether it be innate animal behaviors or environmental phenomena, there are many things in nature that humans do not yet comprehend. The monarch butterfly (*Danaus plexippus*) is characterized by vibrant orange and black wings spanning approximately 10 centimeters. This butterfly species is renowned for its extraordinary migration, one of the most remarkable in the animal kingdom. Each year, millions of monarchs travel thousands of miles between their overwintering sites in central Mexico and their breeding grounds in North America. Unlike most migratory species, which rely on a single generation to make the journey, the monarch butterfly's migration spans multiple generations; monarchs begin their northward migration from Mexico in spring, traveling as far as southern Canada.

[2] This journey takes place over several stages, with different generations completing different legs of the journey. The first generation typically makes its way from Mexico to the southern United States, where the adults lay eggs before dying. These eggs hatch into caterpillars that eventually become the next generation of adult monarchs. These new adults continue the migration northward, repeating this process until the monarchs reach the northernmost parts of their range. The final generation, often referred to as the super generation, is the one responsible for making the return trip to where the whole journey originated. Unlike the shorter-lived preceding generations, whose life expectancy is around four or five weeks, this super generation can live up to eight months, long enough to complete the entire southward migration in a single generation.

2

3 There are multiple reasons why the super generation can live markedly longer than their summer counterparts. One of the most critical factors is that the butterflies delay sexual maturity after emerging as adults. By postponing mating and producing eggs, they conserve energy. They can focus on their long migration rather than expending energy on mating and laying eggs. This energy conservation is called reproductive diapause. In addition to reproductive diapause, the super generation monarchs experience metabolic changes. As they travel through cooler climates during migration, their metabolic rate slows down, which helps them conserve energy even more and live longer than ordinary generations that remain in warmer, more metabolically demanding environments. Thirdly, the amount of sunlight they receive also plays an equally important role in extending the life span of these super monarchs. The timing of their emergence in late summer aligns with decreasing daylight. (A) ■ This triggers a series of physiological reactions that help the monarchs become more adaptive to changing environments. (B) ■ As a result, the super generation can live longer. (C) ■ At this optimal time of year, super generation monarchs, which have entered a migration-mode rather than a reproduction-mode, try to migrate very long distances at once. (D) ■

4 One of the most fascinating aspects of monarch migration is how precisely the butterflies are able to navigate. Despite having never traveled the route before, each generation knows exactly where to go, following a route that has been used by monarchs for countless generations. Scientists believe this incredible ability is due to a combination of environmental cues and internal biological mechanisms. Among the most critical tools in their navigational toolkit is their ability to detect the Earth's magnetic field, making it possible for them to maintain their southward direction. On top of this, monarchs also rely on the position of the sun to guide their journey. Researchers have discovered that monarchs are capable of adjusting their orientation on the basis of the position of the sun throughout the day. This complex navigational system ensures that the monarchs are able to find their way across vast distances, even though the individual butterflies have never made the journey before.

5 The monarch butterfly's life cycle is intimately tied to a particular plant species: milkweed. Monarch caterpillars feed exclusively on milkweed plants, which provide not only nutrition but also a defense mechanism. Milkweed contains toxic compounds known as cardenolides, or cardiac glycosides, which the caterpillars store in their bodies as they grow. These toxins make both the caterpillars and the adult butterflies that emerge from them unpalatable to predatory species. This defense mechanism is so effective that many birds and other predators have learned to avoid eating monarchs. All these factors contribute to making the amazing migration of the monarch butterfly unique and one of a kind.

Q1 Monarch butterflies' migration is unique because

(A) they are only 10 centimeters long
(B) millions of them travel at the same time
(C) they reach their destination across many generations
(D) their destination is colder than the starting point

Q2 The phrase "make its way" in the passage is closest in meaning to

(A) advance
(B) develop
(C) fly
(D) succeed

Reading

Q3 Which of the following best describes the functional relationships between paragraphs 2 and 3?

(A) Paragraph 2 refers to the super generation and paragraph 3 explains its characteristics.

(B) Paragraph 2 describes migration patterns and paragraph 3 gives examples.

(C) Paragraph 2 explains the ecosystem of monarchs and paragraph 3 points out its uniqueness.

(D) Paragraph 2 illustrates geographical information and paragraph 3 gives specific data.

Q4 In paragraph 3, all of the following were suggested about the super generation of monarchs EXCEPT

(A) Their life expectancy differs from that of other generations.

(B) They are responsible for migrating back to Mexico.

(C) They mate before they begin their migration.

(D) They conserve energy by delaying reproduction.

Q5 Which of the sentences below best expresses the essential information in the highlighted sentence in the passage? Incorrect choices change the meaning in important ways or leave out essential information.

(A) Each monarch may not know the route, but other generations of monarchs show the right way.

(B) Countless generations of monarchs have migrated, so the new generation knows the flight route.

(C) A new generation never follows a route that has not been taken by past generations.

(D) Although they have no experience, each monarch follows the route taken by its ancestors.

Q6 What can be inferred about monarchs' navigation ability in paragraph 4?

(A) Environmental factors have a greater impact than biological factors.

(B) Their navigation skills are learned rather than inborn.

(C) Monarchs can integrate more than one factor while traveling.

(D) This level of navigation skill is not observed in other species.

Q7 The word "intimately" in the passage is closest in meaning to

(A) formally

(B) closely

(C) widely

(D) vaguely

Q8 In paragraph 5, the author mentions "cardenolides" in order to

(A) explain how monarch caterpillars are protected from predators

(B) suggest that milkweed plants are dangerous for predatory species

(C) describe the role of milkweed in butterfly reproduction

(D) name the most nutritious plant that the caterpillars feed on

Q9 **Directions:** Look at the four squares [■] that indicate where the following sentence could be added to the passage.

For instance, modulation of CRY proteins allows them to better adjust their circadian rhythms.

Where would the sentence best fit?

Click on a square [■] to add the sentence to the passage.

Q10 Directions: An introductory sentence for a brief summary of the passage is provided below. Complete the summary by selecting the THREE answer choices that express the most important ideas in the passage. Some sentences do not belong in the summary because they express ideas that are not presented in the passage or are minor ideas in the passage. This question is worth 2 points.

Drag your answer choices to the spaces where they belong.

The monarch butterfly migrates north over multiple generations but completes the southward journey in just one.

-
-
-

A The starting point of the migration is southern Mexico and the arrival point is northern Canada.

B By delaying sexual maturity and conserving energy, the monarchs can extend their life span.

C Monarch butterflies rely on the position and brightness of the sun for navigation.

D Their accurate navigation is based on their ability to use natural cues such as the Earth's magnetic field.

E Past generations provide hints for the next generation's migration, contributing to their successful migration.

F Substances in the plants they feed on make them taste bad, which can be an effective defense against predators.

Passage 2

The Development of Gothic Architecture

[1] The Gothic architectural style emerged in the 12th century in the northern part of France and spread to other parts of Europe up through the 16th century. The Gothic architectural style marked a significant departure from the Romanesque style that preceded it. While Romanesque architecture was characterized by heavy, solid forms and rounded arches, Gothic architecture introduced innovations that allowed for taller, lighter, and more intricate structures. One of the most notable features of Gothic architecture is the pointed arch, which differs from the round arch of Romanesque buildings. The pointed arch not only allowed builders to construct taller and more stable buildings but also provided an aesthetic difference.

[2] Another revolutionary innovation in Gothic architecture was the flying buttress. Before the development of the flying buttress, thick walls were needed to support the weight of heavy stone roofs. These walls left little room for windows, which meant that Romanesque churches were often dimly lit, if not completely dark. Gothic architects solved this problem with the flying buttress, a type of external support that transferred the weight of the roof away from the walls down to the ground. By shifting the weight outside the building, flying buttresses allowed architects to incorporate larger windows and thinner walls. All these gave the interiors of Gothic cathedrals a sense of lightness and openness. Gradually, the flying buttresses themselves became decorative elements, often adorned with complex carvings and statues, turning what was once a purely functional aspect of architecture into an artistic feature.

[3] (A) ■ Another feature that distinguishes Gothic architecture from its predecessors is its emphasis on verticality. Gothic cathedrals became

taller and taller over time. (B) ■ This vertical structure was not merely a stylistic choice but also a symbolic one that reflected the religious ideals of the time. (C) ■ The height of the buildings was meant to represent the connection between the earth where humans live and heaven where God or the gods exist. (D) ■ The vertical lines of the columns inside the cathedral reinforce this effect, giving the impression that the building is both anchored to the ground and extending toward the heavens. The verticality of Gothic architecture was made possible by the technological advancements of the time, including the pointed arch and the flying buttress. Gothic cathedrals, such as the Cathedral of Ulm in Germany, still impress modern viewers with their height and design.

4　Besides these structural components, stained-glass windows became a defining characteristic of Gothic architecture. The artistic windows came to play an important role as artistic and aesthetic elements. In the churches constructed in the preceding era, small windows were used to maintain the strength of the thick walls. In contrast, architects of the next generations, with the help of flying buttresses and other technologies, were able to create large expanses of glass that could fill the interior with light. Stained-glass windows were not only beautiful but also functional, for they allowed natural light to enter the space and provide a spiritual atmosphere. The colors and light that came through the stained glass transformed the interior spaces of Gothic cathedrals and inspired worshippers. These windows often depicted scenes from the Bible, lives of saints, or important historical events. In one sense, stained-glass windows served like textbooks or picture books that were used to educate the largely illiterate population of the time.

5　Sculpture and ornamentation played a vital role in Gothic architecture, adding layers of meaning and decoration to the already impressive structures. Gothic cathedrals are often covered in intricate carvings depicting saints and biblical figures. In many cases, the sculptures were painted in bright colors, although much of the coloration has been lost over time. The combination of architecture, stained glass, and sculpture made Gothic cathedrals some of the most elaborate and visually stunning buildings in Europe. The construction of these amazing architectural structures was made possible largely due to the relatively peaceful period from the 12th to the 16th centuries, which allowed art and technology to flourish. Were it not for this foundation for architects and engineers to pour their efforts into developing new innovations, none of these buildings would be standing as they are.

Reading

Q11 In paragraph 1, all of the following are mentioned about Romanesque architecture EXCEPT

(A) It appeared before the Gothic architectural style.

(B) It had heavy and solid forms.

(C) It used rounded arches.

(D) It emphasized lightness and height.

Q12 According to paragraph 1, why was the pointed arch a significant innovation in Gothic architecture?

(A) It made buildings more visually appealing without affecting the structure.

(B) It allowed buildings to be taller and far more stable.

(C) It eliminated the need for external support structures.

(D) It pursued a different aesthetic style than the Romanesque style.

Q13 According to paragraph 2, what is the primary function of flying buttresses?

(A) To disperse the downward forces from the roofs

(B) To simplify the overall structure of the building

(C) To maximize the amount of light entering the building

(D) To decorate the exterior of the building

Q14 Which of the sentences below best expresses the essential information in the highlighted sentence in the passage? Incorrect choices change the meaning in important ways or leave out essential information.

(A) Flying buttresses served primarily as decorative features, with their functional role in architecture becoming secondary.

(B) The functional use of flying buttresses was gradually replaced by their role as ornamental aspects of Gothic cathedrals.

(C) Those who made flying buttresses themselves began to pursue aesthetic elements, and gradually artistic value was added.

(D) Flying buttresses were initially designed for structural support, but over time, they became artistic elements with carvings and statues.

模擬試験　問題編

11

Q15 What can be inferred about the height of buildings mentioned in paragraph 3?

(A) The higher the building, the more stained-glass windows there were.

(B) People believed that the gods were at the highest point of the cathedral.

(C) The Cathedral of Ulm has increased in height with modern renovations.

(D) Religious values can have a great influence on architectural design.

Q16 In paragraph 4, all of the following are suggested about stained-glass windows EXCEPT

(A) They served as educational tools for illiterate populations.

(B) They were used to add structural support to Gothic cathedrals.

(C) They created a unique atmosphere with vibrant colors.

(D) They often depicted religious or historical scenes.

Q17 The word "elaborate" in the passage is closest in meaning to

(A) expensive

(B) huge

(C) complex

(D) rare

Q18 In paragraph 5, the author discusses the relatively peaceful period between the 12th and 16th centuries in order to

(A) explain why Gothic architecture focused on religious themes

(B) suggest that war eventually limited the development of Gothic architecture

(C) show how social conditions affect artistic and technological progress

(D) argue that peace is essential to preserve valuable architecture

Reading

Q19 Directions: Look at the four squares [■] that indicate where the following sentence could be added to the passage.

This emphasis on height is also reflected in the interior spaces.

Where would the sentence best fit?
Click on a square [■] to add the sentence to the passage.

Q20 Directions: An introductory sentence for a brief summary of the passage is provided below. Complete the summary by selecting the THREE answer choices that express the most important ideas in the passage. Some sentences do not belong in the summary because they express ideas that are not presented in the passage or are minor ideas in the passage. This question is worth 2 points.

Drag your answer choices to the spaces where they belong.

The development of Gothic architecture brought about significant changes in European architectural design.

```
•


•


•
```

A The use of advanced technology made Gothic cathedrals more functional and less decorative than Romanesque structures.

B New types of arches and buttresses allowed Gothic cathedrals to reach impressive heights.

C It was thought that taller buildings were of greater religious value than shorter ones.

D People associated the height of the building itself with the relationship between the gods and humans.

E The use of stained-glass windows added aesthetic value while providing marginal educational value.

F Decorative elements altogether conveyed religious and historical views to the people.

模擬試験 問題編

Listening

Conversation 1 🔊 23-28

Q1 Why does the student go to talk to the career advisor?

(A) To discuss his psychology coursework

(B) To inquire about a part-time job opportunity

(C) To ask for advice on writing effective resumes

(D) To receive guidance on finding an internship

Q2 What topic does the student say he is particularly interested in?

(A) How marketing techniques have changed over time

(B) How companies are using customer research for business

(C) How advertisements and online postings influence people

(D) How to make attractive postings on social media

Q3 What does the student imply about his resume?

(A) He believes it is too detailed.

(B) He is uncertain if it is impressive enough.

(C) He thinks he has had too few formal experiences.

(D) He is confident it highlights all his skills.

Listening

Q4 What is the advisor's attitude toward the student's experiences?

(A) She recommends that he look into jobs unrelated to behavioral psychology.

(B) She doubts the student's qualifications are relevant for digital marketing roles.

(C) She is confident the student's experiences will be valued by employers.

(D) She believes the student is too focused on social media.

Q5 Listen again to part of the conversation. Then answer the question.

Why does the advisor say this? 🎧

(A) She believes personal networking can be the most important factor for job hunting.

(B) She doesn't doubt the student's ability to find internships independently.

(C) She thinks digital marketing is such a hot topic that many alumni are also interested.

(D) She predicts some alumni may be able to help the student financially.

模擬試験 問題編

Lecture 1 🔊 29-35

convergent boundaries

divergent boundaries

Q6 What does the professor mainly discuss?

    (A) A geological phenomenon that can affect humans
    (B) Natural disasters that caused enormous damage
    (C) The mechanism behind the formation of volcanoes
    (D) Modern technologies that can predict earthquakes

Q7 Why does the professor mention ice?

(A) To explain the liquid nature of magma
(B) To explain why there are no eruptions in the polar regions
(C) To compare the movement of Earth's plates with familiar objects
(D) To emphasize how cold the seawater of the Atlantic Ocean is

Q8 What can be inferred from the lecture about the formation of the Himalayas?

(A) They are mountains formed along convergent boundaries.
(B) They are mountains formed along divergent boundaries.
(C) The location is far from both convergent and divergent boundaries.
(D) They are mountains where convergent and divergent boundaries overlap.

Q9 What does the professor say about divergent boundaries?

(A) Many earthquakes occur there.
(B) A new ocean floor is being created there.
(C) Only a few of them have been found.
(D) They are longer than convergent boundaries.

Q10 What do researchers use or refer to in order to forecast plate tectonics?

Choose THREE answers.

A GPS satellites
B The rise of sea levels
C The number of eruptions and earthquakes
D Fossil records
E Computer simulations

Q11 Listen again to part of the lecture and answer the question.

Why does the professor say this?

(A) It is impossible to remember these names.
(B) Students have already learned these repeatedly in the past.
(C) The professor himself does not remember these names.
(D) These names are not the most important information.

Lecture 2 🔊 36-42

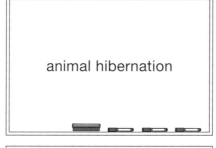

Q12 What is the main topic of the lecture?

    (A) Animals that have unique behavioral patterns
    (B) The process and purpose of hibernation in animals
    (C) Differences between sleeping and hibernation
    (D) The effect of REM sleep on animal behavior

Listening

Q13 In the table below, specify whether each statement about physiological changes during hibernation is true or false.

	True	False
Fat reserves increase		
The heart rate slows down		
The body temperature increases		
Breathing gets deeper		

Q14 How does the professor organize the lecture?

(A) By showing short videos

(B) By having students converse with each other

(C) By referring to the textbook and handouts

(D) By using presentation slides

Q15 What is the professor's attitude toward the student asking questions?

(A) He encourages the student to ask any questions anytime.

(B) He is unwilling to answer the questions.

(C) He is indifferent to the student's behavior.

(D) He suggests that the student think first before asking.

Q16 According to the professor, why can a hibernating animal go without eating for months?

(A) Because its body's energy expenditure has increased

(B) Because it is awakening from the torpor state

(C) Because its metabolism is not at normal levels

(D) Because the surrounding temperature is decreasing

Q17 Assume there is a bird and the surrounding temperature dropped sharply for a night. Which of the following can be inferred?

(A) The bird may be in a state of torpor.

(B) The bird is experiencing constant REM sleep.

(C) The bird awakens from a state of hibernation.

(D) The bird cannot conserve energy efficiently.

模擬試験 問題編

Conversation 2 🔊 43-48

Q18 Why does the student speak with Professor Miller?

(A) To understand some concepts for the midterm exam
(B) To ask about the ecology class requirements
(C) To gain a deeper understanding of the class material
(D) To seek information about the next research paper

Q19 What is the professor's attitude toward the student asking questions about pollination?

(A) Amazed and impressed
(B) Surprised but discouraging
(C) Neutral and indifferent
(D) Shocked but understanding

Q20 According to the professor, what is one disadvantage of pollination for plants?

(A) Insects can cause other competing plants to grow nearby.
(B) Some insects can harm plants by feeding on them.
(C) Pollination spreads only within certain species.
(D) Flowers lose their nutrients in the process.

Listening

Q21 Why does the professor mention insecticides that are often used in farms and botanical gardens?

(A) To argue that farms have the right to protect their crops

(B) To suggest that strong insecticides can also damage plants

(C) To emphasize the importance of technological development

(D) To explain the possible disadvantages of pollination to pollinators

Q22 According to the professor, why is wind pollination not as effective?

Choose TWO answers.

(A) Some areas do not have strong winds.

(B) Pollen does not fly far when it rains.

(C) The direction of the wind is always random.

(D) The wind may not blow at the right timing.

Lecture 3 🔊 49-55

Q23 What is the lecture mainly about?

(A) How social norms influence people's behavior
(B) The role of laws in maintaining social order
(C) The differences between formal and informal social rules
(D) How social norms have changed over time

Q24 The professor mentioned greeting someone with a kiss on the cheek. What point does the professor make by bringing up this example?

(A) It illustrates a cultural norm that is universal.
(B) It explains how different cultures have the same social norms.
(C) It stresses that social norms are rarely based on personal preference.
(D) It serves as an example of how social norms vary by culture.

Q25 According to the professor, what is socialization?

(A) The process of learning from only family influences
(B) Gaining abilities to adapt to various social situations
(C) Learning society's rules through interactions with others
(D) Understanding social rules in the context of laws

Listening

Q26 According to the lecture, what are two ways in which social norms are enforced?

Choose TWO answers.

(A) Through law enforcement

(B) Through social pressure

(C) Through norm change

(D) Through social approval

Q27 What does the professor say is a characteristic of a social norm that will remain for many generations?

(A) Many believe it is absolutely necessary.

(B) It is firmly protected by law.

(C) It brings meaningful value to society.

(D) It is accepted by people of various different cultures.

Q28 Listen again to part of the lecture and answer the question.

What does the professor mean by this?

(A) The student has turned in the homework.

(B) The students seem to be studying well.

(C) The answers are not completely correct.

(D) The question given by the professor was too easy.

Speaking

Task 1　🔊 56

Do you agree or disagree with the following statement? Then explain your reasons. Use specific details and examples in your response.

Students learn better if they have to take many tests at school.

Preparation Time: 15 seconds
Response Time: 45 seconds

Speaking

Task 2 🔊 57

Read the new policy from the university. You will have 50 seconds to read the article. Begin reading now.

New Digital Textbook Program

The university will implement a new digital textbook program starting next semester. All textbooks will be available in digital format through the university's online learning platform. This transition will help reduce the financial burden on students, as digital versions cost 20-30 percent less than printed textbooks. Additionally, the digital format will provide enhanced learning features such as search functions, highlighting tools, and interactive study guides.

The woman expresses her opinion about the new digital textbook program. Briefly summarize the program. Then state her opinion and explain the reasons she gives for holding that opinion.

Preparation Time: 30 seconds
Response Time: 60 seconds

Task 3 🔊 58

Now read the passage from an art history textbook. You have 45 seconds to read the passage. Begin reading now.

Imitational Art

Imitational art refers to the practice of closely observing and replicating the style, technique, or themes of another artist's work. In creating imitational work, artists are not trying to create exact copies. Instead, they are aiming to learn from established masters. Imitational art serves as an essential learning tool, which allows artists to understand various aspects of art such as basic designs, coloration, emotional expression, etc. Over time, as artists imitate masterpieces, they can improve their art skills and develop their own distinct styles.

Using the example of Auguste Rodin, explain the concept of imitational art and its role in artistic development.

Preparation Time: 30 seconds
Response Time: 60 second

Speaking

Task 4 🔊 59

Using points and examples from the lecture, explain the two main types of the Dunning-Kruger Effect.

Preparation Time: 20 seconds
Response Time: 60 seconds

Writing

Integrated Task 🔊 60

Directions: For this task, you will have 3 minutes to read a passage about an academic topic. Then you will listen to a lecture about the same topic.

You will have 20 minutes to write. In your response, provide a detailed summary of the lecture and explain how the lecture relates to the reading passage. While you write, you will be able to see the reading passage.

Now you will see the reading passage. It will be followed by a lecture.

3 minutes

The mystery of the Olmec civilization's decline has long puzzled historians. The Olmec civilization flourished from about 1500 BC to 400 BC in the tropical lowlands of south-central Mexico. This ancient civilization is considered the mother culture of Mesoamerica. Several theories were proposed to attempt to explain its collapse: environmental changes, economic disruption, and internal social conflict.

The first theory suggests that environmental changes were the primary cause of the Olmec's decline. According to this theory, the Olmec people faced severe environmental challenges. One notable one is significant changes in river courses. People's lives depended on the Coatzacoalcos River. This river occasionally experienced floods. The floods displaced communities and the foundation of their agriculture. As a result, it became hard to continue producing crops, which resulted in food shortage and the eventual fall.

The second theory focuses on economic aspects, especially trading. This theory argues that the Olmec's trade routes with other regions were

28

disrupted by its rival civilizations. For instance, the Olmec imported jade, an important natural resource for the people, from Guatemala. However, some competing civilizations like the early Maya began to rise, and they began to dominate the trade routes. The trade networks shifted, and the disruption of their established trade systems severely impacted their ability to acquire necessary resources and maintain their economic infrastructure.

The third theory centers on internal social instability. This approach suggests that the Olmec civilization was weakened by conflicts between elites and non-elites. Elites lived in the upper part of hills or plateaus. They lived and worked in elaborate buildings equipped with luxury goods, while common people were much less wealthy. This social stratification led to societal tensions, and in the end, infuriated commoners destroyed the lives of the elites. This is evidenced by lots of luxurious buildings and goods such as pottery destroyed by those commoners.

Directions: You have 20 minutes to plan and write your response. Typically, an effective response will be 150 to 225 words.

Question: Summarize the points made in the lecture, being sure to explain how they cast doubt on the specific points made in the reading passage.

Academic Discussion Task

Directions: For this task, you will read an online discussion. A professor has posted a question about a topic, and some classmates have responded with their ideas.

You will write a response that contributes to the discussion. You have 10 minutes to write your response.

Your professor is teaching a class on science and ethics. Write a post responding to the professor's question.

In your response, you should do the following.
- Express and support your opinion.
- Make a contribution to the discussion in your own words.

An effective response will contain at least 100 words.

Professor Hill

In the next class, we will be tackling the implication of ethics in the field of medicine and public health. More specifically, we will be discussing animal testing in scientific research. Some argue that animal testing is necessary to advance medical and scientific knowledge. Others believe that it is inhumane and should be banned entirely. Which side do you agree with more and why?

Jessica

I believe animal testing is necessary. While I don't justify causing harm to animals in a meaningless way, animal testing is not meaningless. The benefits, such as finding cures for diseases and testing the safety of drugs, are enormous. Advances in medicine have saved countless human lives, and without animal testing, those breakthroughs may have been delayed or lost.

Mike

I oppose animal testing. It is unethical to sacrifice animals and make them suffer for human benefit. Using alternative methods such as computer modeling, we can advance medical technologies and contribute to public health. These alternatives can make inhumane animal testing largely unnecessary, I believe.